AF391499

# THÉATRE FRANÇAIS.

## LA HARPE.

LA HARPE.

# THÉATRE FRANÇAIS.

## RÉPERTOIRE COMPLET.

---

## LA HARPE.

---

*Édition = Touquet.*

# PARIS.

## IMPRIMERIE DE A. BELIN.

1821.

# WARWICK,

## TRAGÉDIE EN CINQ ACTES ET EN VERS,

## DE LA HARPE;

Représentée pour la première fois par les comédiens
ordinaires du Roi, le lundi 7 novembre 1763.

# PERSONNAGES.

ÉDOUARD D'YORCK, roi d'Angleterre.
LE COMTE DE WARWICK.
SUFFOLCK, confident du roi.
SUMMER, ami de Warwick.
UN OFFICIER.
MARGUERITE D'ANJOU, femme de Henri VI, détrôné.
ÉLISABETH.
NÉVIL, suivante de Marguerite.
UNE SUIVANTE d'Élisabeth.
SUITE d'Édouard.
GARDES, SOLDATS.

Les vers précédés d'un *astérisque* (*) sont supprimés à la représentation.

*La scène est à Londres.*

# WARWICK,

## TRAGÉDIE.

---

## ACTE PREMIER.

### SCÈNE I<sup>re</sup>.

**NÉVIL, MARGUERITE.**

#### NÉVIL.

Quoi! lorsque les destins ont comblé vos revers,
Quand votre époux gémit dans l'opprobre des fers;
Lorsqu'Édouard enfin, heureux par vos désastres,
S'assied insolemment au trône des Lancastres;
Marguerite, tranquille en son adversité,
Conserve sur son front tant de sérénité!
Quel espoir adoucit votre misère affreuse?

#### MARGUERITE.

Celui qui soutient seul une ame généreuse;
Qui seul peut l'affermir contre les coups du sort,
Et lui fait rejeter le secours de la mort;
Aliment nécessaire à qui sentit l'offense,
Seul bien des malheureux, l'espoir de la vengeance.

#### NÉVIL.

Eh! comment cet espoir vous serait-il permis?
Le sceptre est dans les mains de vos fiers ennemis.
Ils ne sont plus ces temps où votre ame intrépide,
Soutenant les langueurs d'un monarque timide,
De l'Anglais inquiet abaissait la fierté,
Le soumettait au frein de votre autorité;

# WARWICK.

Quand vous-même, guidant des guerriers indociles,
Terrassiez les auteurs des discordes civiles ;
Quand de l'heureux Yorck, qui nous opprime tous,
Le père audacieux succombait sous vos coups.
Hélas ! tout est changé : malgré votre courage,
De ses premiers bienfaits le sort détruit l'ouvrage.
Yorck est triomphant, Lancastre est abattu :
En vain pour votre époux vous avez combattu ;
En vain il a repris, encor plein d'épouvante,
Le sceptre qui tombait de sa main défaillante ;
L'ascendant de Warwick acheva vos malheurs.
Votre fils, cet objet de vos soins, de vos pleurs,
Traîne, loin des regards d'une mère avilie,
Sous les yeux des tyrans son enfance asservie.
Vous-même prisonnière en ces murs odieux...

MARGUERITE.

Un plus doux avenir enfin s'ouvre à mes yeux.
Mes destins vont changer... mon cœur du moins s'en flatte.
Il faut que devant toi mon alégresse éclate.
Apprends ce qu'Édouard cache encore à sa cour,
Et ce que verra Londre avant la fin du jour.
Tu sais qu'Élisabeth à Warwick fut promise ;
Que, prêt à s'éloigner des bords de la Tamise,
Il attendait sa main...

NÉVIL.
Eh bien ?

MARGUERITE.

Des nœuds secrets

Ce soir au jeune Yorck l'enchaînent pour jamais ;
Et le peuple, étonné de sa grandeur soudaine,
Apprendra cet hymen en connaissant sa reine.

NÉVIL.

O ciel ! que dites-vous ? Eh quoi ! lorsqu'aujourd'hui
Il brigue des Français l'alliance et l'appui ;
Lorsque, pour en donner une éclatante marque,
Il offre d'épouser la sœur de leur monarque ;
Que Warwick, en un mot, chargé de ce traité,
Aux rives de la Seine est encore arrêté ;
L'imprudent Édouard, par un double parjure,

Prépare à tous les deux cette sanglante injure ?

MARGUERITE.

Oui : ce prince, entraîné par cet amour fatal ,
Est de son bienfaiteur devenu le rival.
En vain Élisabeth , que cet hymen accable ,
Voudrait en rejeter la chaîne insupportable ;
Un père ambitieux , insensible à ses pleurs ,
Va la sacrifier à l'attrait des grandeurs ;
Et sa fille aujourd'hui , victime couronnée ,
Attend en frémissant ce funeste hyménée.
Voilà ce que j'ai su : des amis vigilans
Ont surpris ces secrets cachés aux courtisans.
Penses-tu que Warwick , tout plein de sa tendresse ,
Se laisse impunément enlever sa maîtresse ?
Se verra-t-il en butte aux mépris des deux cours ,
Sans venger à la fois sa gloire et ses amours ?
Connais-tu de Warwick l'impétueuse audace ?
Ce guerrier si terrible , auteur de ma disgrace ,
Ce héros si vanté , dont les vaillantes mains
Ont fait en ces climats le sort des souverains ,
Est orgueilleux , jaloux , fier autant qu'invincible ;
Son cœur est généreux ; mais il est inflexible.
Il dédaigne le trône , il se croit au-dessus
De ces rois par son bras protégés ou vaincus.
Tu le verras bientôt , aigri d'un tel outrage ,
S'élever avec moi contre son propre ouvrage ;
Arracher mon époux à la captivité ;
Et , signalant pour moi son courage irrité ,
M'aider à ranimer , après tant de désastres ,
Les restes expirans du parti des Lancastres ;
Écraser Édouard après l'avoir servi ,
Et me rendre à la fois tout ce qu'il m'a ravi.
Ou bien , si de Warwick la valeur fortunée
Ne pouvait rien ici contre ma destinée ,
Je goûterai du moins ce plaisir consolant
De voir mes ennemis , l'un l'autre s'accablant ,
Victimes d'une guerre à tous les deux funeste ,
Répandre sous mes yeux un sang que je déteste ;
Et , des maux qu'ils m'ont faits se disputant les fruits ,

# WARWICK.

Peut-être tous les deux l'un par l'autre détruits.

### NÉVIL.

Vous allez, dans l'ardeur qui toujours vous dévore,
En de nouveaux périls vous engager encore ;
Vous allez tout braver pour servir un époux
Indigne également et du trône et de vous.

### MARGUERITE.

Hélas ! de son malheur ne lui fais point un crime.
Je sais qu'il s'endormit sur le bord de l'abîme :
Le sceptre qu'il portait a fatigué son bras :
Il me laisse à venger des maux qu'il ne sent pas.
+ Se livrant à son sort en esclave timide,
+ Incessamment plongé dans un calme stupide,
+ Il paraît ne sentir dans sa triste langueur,
+ Ni le poids de ses fers, ni l'orgueil du vainqueur.
Eh bien ! c'est donc à moi de laver son injure,
De soutenir ce rang que sa faiblesse abjure,
Eh ! que dis-je ! mon fils, l'idole de mon cœur,
M'offre de mes travaux un prix assez flatteur.
Si ma main le replace au trône de son père,
Un jour il connaîtra ce qu'il doit à sa mère.
De combien de périls j'ai su le garantir !
Ce jour, ce jour, hélas ! me fait encor frémir,
Où d'un cruel vainqueur évitant la poursuite,
Seule, et dans les forêts précipitant ma fuite,
Égarée, éperdue, et mon fils dans mes bras,
De momens en momens j'attendais le trépas.
Un brigand se présente, et son avide joie
Brille dans ses regards à l'aspect de sa proie ;
Il est prêt à frapper : je restai sans frayeur.
Un espoir imprévu vint ranimer mon cœur :
Sans guide, sans secours dans ce lieu solitaire,
Je crus, j'osai dans lui voir un dieu tutélaire.
Tiens, approche, lui dis-je, en lui montrant mon fils
Qu'à peine soutenaient mes bras appesantis ;
Ose sauver ton prince, ose sauver sa mère...
J'étonnai, j'attendris ce mortel sanguinaire ;
Mon intrépidité le rendit généreux.
Le ciel veillait alors sur mon fils malheureux ;

Ou bien le front des rois que le destin accable
Sous les traits du malheur semble plus respectable.
Suivez-moi, me dit-il ; et le fer à la main,
Portant mon fils de l'autre, il me fraie un chemin ;
Et ce mortel abject, tout fier de son ouvrage,
Semblait, en me sauvant, égaler mon courage.

NÉVIL.

Ces périls, retracés dans votre souvenir,
Présagent à ce fils un brillant avenir.
D'orages, de revers une enfance assiégée,
Par le ciel poursuivie et par lui protégée,
A des traits si frappans fait connaître un mortel
Objet des soins marqués d'un pouvoir éternel ;
Et qui, sûr de sa route, et bravant les obstacles,
Doit du ciel qui le guide attendre des miracles.
C'en était un sans doute alors qu'au fond des bois
Un brigand conserva l'héritier de nos rois.
Il va vous en coûter peut-être davantage,
Pour ravir son enfance aux fers de l'esclavage.
Édouard craint un nom chéri dans ces climats.
Les cœurs ambitieux ne s'attendrissent pas.

MARGUERITE.

Le traité qu'aujourd'hui l'on fait avec la France
Doit de ma liberté me donner l'espérance.
Je vais voir Édouard : je sais qu'il a promis
De fixer ma rançon et celle de mon fils.
Son cœur ne connaît point la fraude et l'artifice :
Il est mon ennemi, mais je lui rends justice.
Yorck a des vertus, je dois en convenir :
Il m'a ravi le trône, et je dois l'en punir.
Édouard à mes yeux est toujours un rebelle.
Je ne discute point cette longue querelle,
Ces droits tant contestés, et jamais éclaircis ;
Je défendrai les miens, mon époux, et mon fils.
Ce sont là mes devoirs, mes vœux, mon espérance.
J'irai chercher Warvick aux rives de la France :
Il servira ma haine ; et peut-être Louis
Va s'armer avec nous contre mes ennemis.
Peut-être son courroux... Mais Édouard s'avance.
Laisse-nous,

## SCÈNE II.

MARGUERITE, ÉDOUARD, SUFFOLCK, suite
d'Édouard ; gardes, dans le fond.

ÉDOUARD.

Vous avez souhaité ma présence.
Quelque ressentiment qui nous puisse animer ,
Mon cœur est équitable et sait vous estimer.
Si mon rang à vos vœux me permet de vous rendre ,
L'illustre Marguerite a droit de tout prétendre.

MARGUERITE.

En l'état où je suis paraissant devant toi ,
J'envisage les maux accumulés sur moi.
Je t'ai vu mon sujet ; j'ai marché souveraine
Dans ce même palais où ton pouvoir m'enchaîne.
Le destin l'a voulu , jouis de sa faveur.
Mais si ton ame encore est sensible à l'honneur,
J'en réclame les lois sans demander de grace.
Je sais , sans m'avilir , céder à ma disgrace.
J'ose attendre de toi mon fils , ma liberté.
Que l'un et l'autre ici soient garans du traité
Qu'à la cour de Louis Warvick a dû conclure ;
Tu dois les accorder , ou t'avouer parjure.
Détermine le prix que je dois t'en donner.
Mon aspect dès long-temps a dû t'importuner ;
Il trouble les douceurs d'un règne illégitime.
Il est dur de rougir devant ceux qu'on opprime.

ÉDOUARD.

Non , je ne rougis point d'avoir repris un rang
Que trop long-temps Lancastre usurpa sur mon sang.
Je ne veux point ici vous expliquer mes titres ;
La haine et l'intérêt sont d'injustes arbitres.
Eh ! de quel droit enfin, vous , d'un sang étranger ,
Quand Londres me couronne , osez-vous me juger ?
De Naples et d'Anjou l'incertaine héritière
Devrait s'occuper moins du trône d'Angleterre.
Par le peuple et les grands Lancastre est condamné.

Vous n'êtes plus ici que fille de Réné,
Qu'une étrangère illustre, et non pas une reine.
D'un titre qui n'est plus cessez d'être si vaine.
Entre Louis et moi je ménage un traité
Qui fixera l'instant de votre liberté.
Je le souhaite au moins ; mais je ne puis répondre
Des obstacles nouveaux qui peuvent nous confondre.
Les intérêts des rois coûtent à démêler,
Et mon devoir n'est point de vous les révéler.
Attendez jusque-là ma volonté suprême.

MARGUERITE.

J'attends tout désormais du ciel et de moi-même.
Je ne m'abaisse point jusqu'à prouver mes droits,
Et je sais que le fer est la raison des rois.
Tu crains que dans l'Europe on n'entende mes plaintes,
Mais je te puis ici porter d'autres atteintes.
Songe que dans ces murs un peuple factieux,
Toujours prêt à pousser un cri séditieux,
Cruel dans ses retours, extrême en ses offenses,
Peut encore à mon cœur préparer des vengeances ,
Et m'offrir un plus sûr et plus facile appui
Que ces rois toujours lents à s'armer pour autrui.
Il faut ou m'immoler, ou me craindre sans cesse.
Peut-être rougis-tu d'accabler la faiblesse
D'un sexe qui souvent est dédaigné du tien ;
Va, crois que Marguerite est au-dessus du sien.

ÉDOUARD.

Je vois à quel excès la fureur vous égare ;
Mais ce n'est point à vous de me croire barbare.
Contre vous autrefois me guidant aux combats,
Mon père malheureux a trouvé le trépas ;
Par des tributs sanglans j'ai pu le satisfaire :
Je n'imputai sa mort qu'aux hasards de la guerre.
Je sais vous pardonner ces impuissans éclats
Qui consolent le faible, et ne le vengent pas.
J'honore vos vertus, je l'avoûrai sans feindre ;
Je puis vous admirer, mais je ne puis vous craindre.
Calmez votre douleur auprès de votre fils :
Allez ; son entretien va vous être permis.

## WARWICK.

Peut-être en le voyant votre reconnaissance
Avoûra que mon cœur a connu la clémence.

### MARGUERITE.

Son état et le mien, ses pleurs et mes regrets
M'apprendront quel retour je dois à tes bienfaits.
Adieu.

*(Elle sort.)*

# SCÈNE III.

## EDOUARD, SUFFOLCK, SUITE D'ÉDOUARD; GARDES, *dans le fond.*

### ÉDOUARD.

Je plains les maux de cette ame irritée.
Ah! prends pitié d'une ame encor plus tourmentée.
Cher ami, tout mon cœur est ouvert à tes yeux;
Tu l'as connu long-temps et noble et vertueux;
Peut-être il l'est encore, et fait pour toujours l'être..
De moi-même à ce point l'amour est-il le maître?
Cet amour jusqu'ici vainement combattu,
Dont rougit ma raison, dont frémit ma vertu,
Qui va marquer un terme à ma gloire flétrie,
Et qui pourtant, hélas! m'est plus cher que ma vie.
Tu dois t'en souvenir; tu sais que dès le jour
Où ces attraits nouveaux brillèrent dans ma cour,
J'éprouvai, je sentis ce charme inexprimable,
Ces premiers mouvemens d'un penchant indomptable,
Ces premiers feux d'un cœur qui n'avait point aimé.
Surpris de mon état, de moi-même alarmé,
Je vis tous les dangers de ma folle tendresse.
Hélas! sans la dompter on connaît sa faiblesse.
Tu vois ce que j'ai fait : j'ai craint que dans ces lieux
Le retour de Warwick ne traversât mes vœux.
J'ai frémi de me voir confus à ses approches,
Exposé sans defense à ses justes reproches.
Je hâte cet hymen : j'ai voulu prévenir
Ce moment pour mon cœur si rude à soutenir;
Et ce cœur, qui long-temps trembla près de l'abîme,
Pour finir ses combats précipite son crime.

SUFFOLCK.

Sans doute qu'aujourd'hui , prêt à former ces nœuds ,
Vous en avez prévu les effets hasardeux.
L'amour excuse tout, alors qu'il est extrême.
Votre ame , en s'y livrant , se condamne elle-même ;
Mais l'objet qui pour lui vous fait tout oublier,
En partageant vos feux , doit les justifier.

ÉDOUARD.

L'aimable Élisabeth au printemps de son âge ,
Peut-être de l'amour ignorant le langage,
M'a fait voir jusqu'ici dans sa timidité ,
Ce trouble intéressant qui sied à la beauté ;
* Moi-même , je l'avoue, interdit devant elle ,
* Rougissant malgré moi de mon erreur nouvelle,
* Commençant des discours que je n'achevais pas ,
* Je n'ai presque parlé que par mon embarras.
Mais j'ai peine à penser qu'une plus chère flamme
Ait surpris sa jeunesse et me ferme son ame.
Elle a peu vu l'époux qui lui fut destiné.
On écoute sans peine un amant couronné ,
Offrant avec sa main le sceptre d'Angleterre.
Enfin je l'aime assez pour apprendre à lui plaire.
C'est Warwick qui produit mes troubles inquiets ;
Je songe à son courroux , et plus à ses bienfaits:
Je détruis dans ses mains les fruits de sa prudence ,
Je l'expose lui-même aux mépris de la France.
Eh ! qui sait, dans l'ardeur de ses ressentimens ,
Jusqu'où peuvent aller ses fiers emportemens ?

SUFFOLCK.

Peut-être vos débats vont rallumer la guerre...

ÉDOUARD.

C'est un astre sanglant qui luit sur l'Angleterre.
De Lancastre et d'Yorck les partis opposés
Ont fait couler le sang des peuples écrasés.
L'Anglais, environné du meurtre et des ravages,
A compté jusqu'ici ses jours par des orages.
A peine il semble enfin goûter quelque repos,
Faut-il que je l'expose à des malheurs nouveaux ?

C'est en toi, cher Suffolck , que mon espoir réside.
Qu'aux remparts de Paris mon intérêt te guide ;
Vole , et préviens Warwick ; ne lui déguise rien :
Va, mon cœur n'est pas fait pour abuser le sien ;
Peins-lui tout mon amour, mes feux et mon ivresse ;
Et si son amitié pardonne à ma faiblesse ,
Qu'il élève ses vœux à l'hymen de ma sœur ;
Que ce nœud de plus près l'attache à ma grandeur.
Toujours l'ambition fut sa première idole ;
L'amour n'est à ses yeux qu'un prestige frivole.
Élisabeth sur lui n'a point cet ascendant
Qui semble humilier son cœur indépendant ,
Qui subjugue le mien trop flexible et trop tendre ;
A des nœuds plus brillans son orgueil va prétendre :
Oui, j'ose l'espérer.

SUFFOLCK.

Mais Louis, irrité
De voir rompre l'hymen entre vous arrêté ,
Peut demander bientôt raison de cette injure.

ÉDOUARD.

Sans cet hymen forcé la paix peut se conclure.
Trop occupé lui-même en ses propres états,
Il n'ira point donner le signal des combats ;
Fameux par l'artifice, et non par la victoire,
Jaloux de sa puissance, et non pas de la gloire,
Ce prince, malheureux dans le sein de la paix,
Est accablé du soin d'opprimer ses sujets.
Et, pour assurer mieux la paix où je l'invite,
Je prétends, sans rançon , lui rendre Marguerite,
Cependant en mes mains je retiendrai son fils ,
Rejeton dangereux, cher à mes ennemis.
Toi, ne perds point de temps.

## SCÈNE IV.

ÉDOUARD, UN OFFICIER, SUFFOLCK, SUITE
D'ÉDOUARD ; GARDES, *dans le fond.*

L'OFFICIER.

SEIGNEUR, Warwick arrive.
Le peuple impatient s'empresse sur la rive ;
On veut voir ce héros trop long-temps attendu,
Que l'Europe contemple, et qui nous est rendu.

ÉDOUARD.

Il suffit. Laissez-nous.

( *L'officier sort.* )

## SCÈNE V.

ÉDOUARD, SUFFOLCK, SUITE D'ÉDOUARD ;
GARDES, *dans le fond.*

ÉDOUARD.

O CIEL ! quel coup de foudre !
Que pourrais-je lui dire, et que dois-je résoudre ?
Warwick est dans ces lieux ! O soins trop superflus !
D'une vaine prudence ô projets confondus !
Allons : à ses regards avant que de paraître,
Ami, viens éclairer, viens affermir ton maître.
Il est sensible, il aime, il se juge... Ah ! ce cœur,
Qui de ses passions voudrait être vainqueur,
Qui respecte Warwick, qui le craint et qui l'aime,
N'oublîra pas, crois-moi, ce qu'il doit à soi-même ;
Et que parmi les maux qui causent mon effroi
Le malheur d'être injuste est le plus grand pour moi.

FIN DU PREMIER ACTE.

# ACTE II.

## SCÉNE I<sup>re</sup>.

### WARWICK, SUMMER.

#### WARWICK.

Je ne m'en défends pas ; ces transports, cet hommage,
Tout ce peuple à l'envi volant sur le rivage,
Prêtent un nouveau charme à mes félicités :
Ces tributs sont bien doux quand ils sont mérités.
J'ai placé sur le trône un roi digne de l'être.
Londres ne verra plus son méprisable maître,
Henri dans la langueur tombé presque en naissant,
Et d'une épouse altière esclave obéissant.
Entre deux nations rivales et hautaines,
Ma prudence du moins a suspendu les haines :
Louis à notre roi vient d'accorder sa sœur.
Du trône d'Angleterre à peine possesseur,
Édouard, par mes soins, ne craint plus que la France
S'efforce de troubler sa nouvelle puissance.
Voilà ce que j'ai fait, Summer ; et je me vois
L'arbitre, la terreur, et le soutien des rois.

#### SUMMER.

Tous ces titres brillans vont s'embellir encore
Des faveurs dont l'amour vous comble et vous honore :
L'hymen d'Élisabeth promise à votre ardeur....

#### WARWICK.

L'amour qu'elle m'inspire est digne d'un grand cœur.
Sur le point de former cette union si belle,
L'intérêt de mon roi soudain m'éloigna d'elle.
Je reviens à ses pieds plus grand, plus glorieux.
Quelqu'un vient : C'est le Roi qui marche vers ces lieux.
Cours chez Élisabeth ; mon ame impatiente
Veut hâter le moment de revoir mon amante.

( Summer sort. )

## SCÈNE II.

ÉDOUARD, WARWICK; GARDES, *dans le fond.*

WARWICK.

Vos desseins sont remplis, vos vœux sont satisfaits ;
Sire, j'apporte ici l'alliance et la paix.
L'hymen y joint ses nœuds : une illustre princesse,
Digne, par les vertus dont brille sa jeunesse,
De fonder l'union de deux rois tels que vous,
Va traverser les mers pour chercher son époux.
Louis me l'a promis ; et votre ami fidèle,
Warwick est trop heureux de vous prouver son zèle,
Par des soins vigilans, autant que par son bras,
Et dans la cour des rois, comme dans les combats.

ÉDOUARD.

Je sais ce que mon cœur doit de reconnaissance
A ce zèle constant qui fonde ma puissance :
Mais, pour ne rien cacher de l'état où je suis,
Le sort ne permet pas que j'en goûte les fruits.
Je serai, sans former cette chaîne étrangère,
Allié de Louis, mais non pas son beau-frère.

WARWICK.

Comment!... Daignez au moins m'expliquer ce discours.
De vos premiers desseins qui peut troubler le cours?
Quoi! les oubliez-vous? Et la France offensée
Verra-t-elle....

ÉDOUARD.

           En un mot, j'ai changé de pensée ;
Je ne puis à ce point forcer mes sentimens.

WARWICK.

Mais songez que Louis a reçu vos sermens,
Que j'ai reçu les siens ; et que Warwick, peut-être,
N'est pas un vain garant de la foi de son maître.

ÉDOUARD.

Si je romps cet hymen entre nous préparé,
J'en dois compte à Louis, et je le lui rendrai :

Mais de ces triste nœuds mon ame détournées
Établit ses projets sur un autre hyménée.
Il n'y faut plus songer.

WARWICK.

Eh ! quels nœuds aujourd'hui
Peuvent vous assurer un plus solide appui ?
Quel traité plus utile ?

ÉDOUARD.

Eh quoi ! la politique
M'imposera toujours un fardeau tyrannique ;
Et des lois qu'elle dicte esclave ambitieux,
Je serai toujours grand, sans jamais être heureux !
Je déteste ces lois, et mon cœur les abjure.

WARWICK.

Qu'entends-je ! Est-ce l'amour qui vous rendrait parjure ?
Quoi ! de vos ennemis à peine encor vainqueur,
Le trône a-t-il déjà corrompu votre cœur ?
Édouard, écoutant de frivoles tendresses,
S'est-il déjà permis de sentir des faiblesses ?
Et parmi les périls renaissans chaque jour,
Avez-vous donc appris à céder à l'amour ?
Ce n'est pas à ces traits qu'on doit vous reconnaître.
Un moment à ce point n'a pu changer mon maître.
Non, je ne le crois pas ; et sans doute son cœur,
A la voix d'un ami, va sentir son erreur.

ÉDOUARD, *à part.*

(*Haut.*)

Ah ! je suis déchiré. Non, Warwick, cette flamme
( J'ose au moins m'en flatter) n'a point flétri mon ame ;
Et vous devez penser que ce cœur malheureux,
Ce cœur faible une fois, est encor généreux.
* Non, monté sur un trône entouré de ruines,
* Et des feux mal éteints de guerres intestines,
* Je ne me livre point à ces égaremens,
* Des princes amollis lâches amusemens.
D'un sentiment profond j'éprouve la puissance...
Votre seule amitié me rend quelque espérance...
Warwick... Ah ! si pour moi... Vous saurez mes desseins,
Et vous-même aujourd'hui réglerez mes destins.

(*Il sort, ses gardes le suivent.*)

## SCÈNE III.

### WARWICK, *seul.*

O ciel! à ce retour aurais-je dû m'attendre ?
Quel est ce changement que je ne puis comprendre ?
Quel objet tout à coup a donc surpris sa foi ?

## SCÈNE IV.

### WARWICK, MARGUERITE.

#### WARWICK.

Me trompé-je? La reine avance ici vers moi !
Quoi ! de son ennemi cherche-t-elle la vue ?

#### MARGUERITE.

Mon approche en ces lieux est sans doute imprévue.
Vous êtes étonné qu'au sein de mon malheur
Je puisse sans frémir en aborder l'auteur :
Mais un motif pressant auprès de vous m'amène.
Je vous vois revenu des rives de la Seine ;
Et sans doute vos soins achèvent le traité.
M'apprendrez-vous au moins quel espoir m'est resté?
Si l'on finit mes maux, si Louis s'intéresse
A la captivité d'une triste princesse ?
Aux intérêts nouveaux à vous seul confiés
Mon fils et mon époux sont-ils sacrifiés ?

#### WARWICK.

Vous saurez votre sort, il dépend de mon maître.
Mais ce traité, madame, est incertain peut-être.
Un jour, vous le savez, apporte quelquefois
D'étranges changemens dans les projets des rois.

#### MARGUERITE.

Édouard pourrait-il rejeter l'alliance
Que lui-même par vous proposait à la France ?
On dit que dans son cœur l'amour le plus ardent
Prend depuis quelques jours un suprême ascendant.
Pourriez-vous l'ignorer ?

WARWICK, *à part.*

>                                   Que faut-il que je pense ?
A-t-il fait de ses feux éclater l'imprudence ?

MARGUERITE.

On dit plus, et peut-être allez-vous en douter ;
On dit que cet objet, qu'il eût dû respecter,
Devait s'unir bientôt, par un nœud plus prospère,
Au plus grand des guerriers qu'ait produit l'Angleterre ;
A qui même Édouard doit toute sa grandeur ;
Qu'Édouard lâchement trahit son bienfaiteur ;
Que, pour prix de son zèle et d'une foi constante,
Il lui ravit enfin sa femme et son amante.
Ce sont là ses projets, ses vœux et son espoir ;
Et c'est Élisabeth qu'il épouse ce soir.

WARWICK.

Élisabeth! O ciel !... Non, je ne puis le croire.
Le roi conserve encor quelque soin de sa gloire.
On n'est pas à ce point, lâche, perfide, ingrat ;
Il ne veut point se perdre, et lui-même, et l'état.
Il sait ce que je puis ; il connaît mon courage :
Édouard jusque-là n'a point poussé l'outrage ;
Il ne l'a pas osé.

MARGUERITE.

>                   Bientôt vous connaîtrez
Si j'en crois sur ce point des bruits mal assurés ;
Bientôt...

WARWICK.

>                   Je puis du moins soupçonner votre haine.
Vous voulez que vers vous la fureur me ramène ;
Vous venez dans mon cœur enfoncer le poignard...
Mais la confusion, le trouble d'Édouard...
De tant d'ingratitude, ô ciel ! est-on capable ?

MARGUERITE.

Pourquoi trouveriez-vous ce récit incroyable ?
Lorsque l'on a trahi son prince et son devoir,
Voilà, voilà le prix qu'on en doit recevoir.
Si Warwick eût suivi de plus justes maximes,
S'il eût cherché pour moi des exploits légitimes,

Il me connaît assez pour croire que mon cœur
D'un plus digne retour eût payé sa valeur.
Adieu. Dans peu d'instans vous pourrez reconnaître
Ce qu'a produit pour vous le choix d'un nouveau maître.
Vous apprendrez bientôt qui vous deviez servir ;
Vous apprendrez du moins qui vous devez haïr.
Je rends grace au destin : oui , sa faveur commence
A me faire aujourd'hui goûter quelque vengeance ;
Et j'ai vu l'ennemi qui combattit son roi ,
Puni par un ingrat qu'il servit contre moi.

(Elle sort.)

## SCÈNE V.

### WARWICK, seul.

Je rejette un soupçon peut-être légitime...
Ah ! mon cœur n'est pas fait pour concevoir un crime.
Je n'ai pas dû penser, quand j'allais le servir ,
Que mon Roi, mon ami fût prêt à me trahir.

## SCÈNE VI.

### WARWICK, SUMMER.

#### SUMMER.

Oserai-je annoncer ce que je viens d'apprendre ?
Élisabeth...

#### WARWICK.

Arrête. Ah ! je crains de l'entendre.
Tu viens pour confirmer ces horribles récits...
Eh bien ? Élisabeth.... Achève. Je frémis.

#### SUMMER.

Élisabeth , seigneur , va vous être ravie.
C'est d'elle que j'ai su toute la perfidie ,
Les indignes complots préparés contre vous.
Édouard veut ce soir devenir son époux ;
Et son père , ébloui de ce rang si funeste ,
Abandonne sa fille aux nœuds qu'elle déteste.

Elle cherche l'instant de vous entretenir.

#### WARWICK.

De cet excès d'horreur je ne puis revenir.
Allons , je ne prends plus que ma rage pour guide ;
Et je veux qu'Édouard... Je l'aimais le perfide !
Js sens pour le haïr qu'il en coûte à mon cœur...
Peut-on porter plus loin la fourbe et la noirceur ?

#### SUMMER.

Il ne peut sans vous perdre obtenir ce qu'il aime ;
Il doit vous redouter ; redoutez-le lui-même.
Si de vos intérêts vous écoutez la loi...

#### WARWICK.

Que d'affronts réunis ! Étaient-ils faits pour moi ?
Ah ! qu'un vil courtisan, qu'un père impitoyable
Envers sa fille et moi se soit rendu coupable ;
Qu'il ait conçu l'espoir , en me manquant de foi ,
De briller près du trône à côté de son roi ,
J'excuse avec mépris sa basse complaisance ;
Je le dédaigne trop pour en tirer vengeance.
Mais que , plus criminel et plus lâche en effet ,
Édouard sans rougir... Il le veut... C'en est fait.
O toi, par tant d'amour à mon sort enchaînée,
O chère Élisabeth à mes vœux destinée,
Cieux , témoins des transports de Warwick outragé,
Je jure ici par vous que je serai vengé ;
Entendez le serment que ma bouche prononce,
Signal affreux des maux que ma fureur annonce.

# SCÈNE VII.

## ÉLISABETH , WARWICK , SUMMER.

#### WARWICK.

Ah ! madame , venez enflammer mon courroux ;
Mon amour , ma vengeance avaient besoin de vous.
Tous deux en vous voyant s'irritent dans mon ame.
J'ai su de mon rival l'audacieuse flamme,
J'ai su tous ses projets ; et je connais trop bien
Les vertus de ce cœur qui triompha du mien ,

Pour croire qu'il ait pu, s'avilissant lui-même,
Sacrifier Warwick à la grandeur suprême.
Un lâche à son amour allait vous immoler :
Mais Warwick est ici; c'est à lui de trembler.
Le ciel m'a ramené pour prévenir le crime.
Ne craignez plus qu'ici son pouvoir vous opprime.
C'est moi qui vous défends, moi qui veille sur vous,
Moi qui suis votre appui, votre amant, votre époux,
Votre vengeur encore ; et vous allez connaître
Si Warwick aisément est le jouet d'un traître;
S'il est ou dangereux, ou sensible à demi;
S'il confond un ingrat comme il sert un ami.

ÉLISABETH.

De mon père, il est vrai, l'injuste tyrannie
A ces triste liens a condamné ma vie ;
Et mon cœur, loin de vous, vous adressait, hélas !
Des regrets impuissans que vous n'entendiez pas.
Je demandais Warwick : dans mon impatience
Ma voix vous appelait des rives de la France ;
Et votre Élisabeth, dans l'horreur de son sort,
Au défaut de Warwick, eût imploré la mort.
Enfin je vous revois ; vous essuyez mes larmes.
Je ne puis cependant vous cacher mes alarmes.
Je crains que le transport de ce cœur indompté
Avec trop d'imprudence ici n'ait éclaté.
On ne peut d'Édouard ignorer les tendresses :
Les maîtres des humains cachent-ils leurs faiblesses ?
Toujours des yeux perçans sont ouverts à la cour.
Croyez qu'instruits déjà de ce fatal amour,
Vos détracteurs secrets (vous en avez sans doute)
Veulent sur vos débris se frayer une route :
Et pour perdre un héros toujours craint ou haï,
Il suffit d'un roi faible, et d'un lâche ennemi.

WARWICK.

Moi garder le silence!... et pourquoi me contraindre ?
Quand je suis offensé, c'est moi que l'on doit craindre.
Eh! quel péril pour moi pouvez-vous redouter ?
Un pouvoir que-j'ai fait peut-il m'épouvanter ?
Me verrai-je braver aux yeux de l'Angleterre ?

On dira que Warwick, si vanté dans la guerre,
Ce mortel renommé, fameux par tant d'exploits,
Qui créa, qui servit, qui détruisit des rois,
Infidèle à sa gloire autant qu'à sa tendresse,
N'a su ni conserver, ni venger sa maîtresse...
Je rougis d'y penser... Non, non; je puis encor
Disposer de l'état, et commander au sort;
A Lancastre abattu rendre son héritage;
Renverser Édouard, et briser mon ouvrage.

ÉLISABETH.

Warwick... Ah! cher amant! Hélas! il m'est bien doux
De sentir à quel point je puis régner sur vous.
C'est mon seul intérêt que votre amour embrasse,
C'est pour moi qu'il frémit, c'est pour moi qu'il menace.
A mon cœur éperdu vous rendez le repos;
Eh! connaît-on la crainte à côté d'un héros?
Mais pourquoi présenter à mon ame attendrie
Le spectacle effrayant des maux de ma patrie?
Quoi! ne pouvez-vous rien sur le cœur d'Édouard,
Sans aller de la guerre arborer l'étendard?
Un ami tel que vous n'a-t-il pas droit d'attendre
Que sa présence seule....

WARWICK.

                    Eh! qu'en puis-je prétendre?
N'a-t-il pas devant moi hautement abjuré
Cet hymen glorieux par moi seul préparé?
Il suit aveuglément ses amoureux caprices.
Envers moi, s'il se peut, comptez ses injustices,
Et les crimes d'un cœur à son amour soumis,
Pour qui tous les devoirs semblent anéantis.
Tandis que, loin de vous, pour lui, pour sa puissance,
Je m'expose aux tourmens d'une cruelle absence,
Que fait-il cependant? Comment m'a-t-il traîté?
Il me rend le jouet de sa légèreté;
Il me fait vainement engager ma parole,
Et signer un traité frauduleux et frivole;
C'est peu: qui choisit-il enfin pour m'outrager?
Non, sans frémir encor, je ne puis y songer.
C'est l'objet, le seul bien dont mon ame est jalouse;

Le prix de mes travaux , c'est vous, c'est mon épouse.
Ah ! cet enchaînement , ce tissu de noirceurs
Ajoute à chaque instant à mes justes fureurs.
Il en verra l'effet , il faut qu'il soit terrible.
Je suis, je suis encor ce Warwick invincible ;
J'ai pour moi l'équité , mon nom et mes exploits ;
Je paraîtrai dans Londre , on entendra ma voix.
On verra d'un côté l'appui de l'Angleterre ,
Warwick , de ses travaux demandant le salaire ,
Indigné des affronts qn'il n'a point mérités ,
Et de l'ingrat Yorck contant les lâchetés ;
Et de l'autre on verra , confus en ma présence ,
Édouard aux grandeurs conduit par ma vaillance ;
Qui sans moi , dans l'exil ou la captivité ,
Cacherait sa misère et son obscurité.
Ce peuple est généreux, il m'aime, et l'on m'offense :
Entre Édouard et moi pensez-vous qu'il balance ?

ÉLISABETH.

Écoutez-moi, Warwick. Votre cœur ulcéré
Dans ses emportemens est peut-être égaré.
Je ne puis croire encore Édouard inflexible ;
A la gloire , aux vertus , vous l'avez vu sensible.
Sans doute il ne sait pas , en demandant ma foi,
Combien ce joug brillant serait affreux pour moi.
Mes larmes n'ont coulé que sous les yeux d'un père ;
J'ai craint de trop braver les traits de sa colère,
Si devant Édouard j'eusse attesté nos nœuds ;
Si j'avais avoué que ce cœur généreux
Se plaît à préférer , acceptant votre hommage ,
Le héros bienfaiteur au prince son ouvrage ;
Et que, fier de s'unir à vos nobles destins ,
Il voit dans son amant le premier des humains.
Mais j'oserai parler : il saura mes promesses ,
J'avoûrai sans rougir l'excès de mes tendresses ;
J'avoûrai que l'instant où j'irais à l'autel ,
Serait pour moi l'arrêt d'un malheur éternel.
Eh ! quel homme , implacable en sa rage inhumaine ,
Au défaut de l'amour , veut mériter la haine ;
Et s'assurer du moins cet horrible plaisir

De déchirer un cœur qu'il n'a pu conquérir ?
Édouard , croyez-moi , n'a point ce caractère.
Laissez de vos destins ma voix dépositaire.
Laissez-moi balancer les vœux de deux grands cœurs.
Que Warwick, modérant ses bouillantes fureurs ,
Dépose entre mes mains , s'il daigne ici m'en croire ,
L'intérêt de ses feux et celui de sa gloire.

WARWICK.

Édouard, je le vois , ne vous est pas connu :
Dans le fond de son cœur j'ai déjà tout perdu.
Peut-être dès long-temps je lui portais ombrage.
En rompant un traité dont j'ai fait mon ouvrage,
Il prétend annoncer ma chute au peuple anglais.
Mon absence aux complots ouvrait un libre accès.
De ceux qu'on a formés je reconnais la trace.
C'est ainsi qu'à la cour commence la disgrace.
Je prévois tous les coups que je vais essuyer.
Déchoir du premier rang , c'est tomber au dernier.
A de pareils revers la faveur est soumise :
Et peut-être déjà ma dépouille est promise.
Mais cet espoir encor peut être confondu.
Non , je ne serai pas aisément abattu.
L'Anglais , indépendant et libre autant que brave ,
Des caprices de cour ne fut jamais esclave ;
Nous ne l'avons point vu régler jusqu'à ce jour
Sur la faveur des rois sa haine ou son amour.
Contre un tel préjugé son ame est aguerrie :
Souvent contre le trône il défend la patrie :
Ses rois le savent trop : ce peuple citoyen
Ose attaquer leur choix et soutenir le sien :
Nul à ses souverains ne rend autant d'hommage ;
Mais sous ces vains respects consacrés par l'usage ,
Il garde une fierté qu'ils craignent d'éprouver :
Il les sert à genoux ; mais il sait les braver.

ÉLISABETH.

Oui , je sais ce qu'il peut : que de maux , que de crimes
Produiront les fureurs qu'il croira légitimes !
Prévenons ce désastre , et ne présentez plus
Un avenir horrible à mes sens éperdus :

Laissez-vous désarmer à ma voix suppliante,
Et cédez sans rougir aux pleurs de votre amante.

WARWICK.

Eh bien ! vous le voulez ; et , pour quelques momens ,
Je suspendrai l'ardeur de mes ressentimens :
Vous seule sur mon ame avez pris cet empire.
Mais si , n'écoutant rien que l'amour qui l'inspire ,
Édouard aujourd'hui persiste à m'outrager ,
Je ne le connais plus , et je cours me venger.


FIN DU SECOND ACTE.

---

# ACTE III.

## SCÈNE Ire.

### NÉVIL , MARGUERITE.

MARGUERITE.

Tout semble confirmer l'espoir dont je me flatte.
Entre mes ennemis déjà la haine éclate.
Warwick est furieux , et mon adresse encor
A su de son courroux échauffer le transport.
Je saurai faire plus ; je saurai le conduire.
J'ai frémi d'un projet dont on vient de m'instruire.
Il veut voir Édouard : ce fatal entretien
Pourrait anéantir mon espoir et le sien.
Le comte est violent , et sa superbe audace
Brûle de prodiguer l'injure et la menace :
Mais contre un ennemi c'est peu de s'emporter ,
Je veux qu'il le détruise , au lieu de l'insulter ;
Et ne se livre pas , dans sa fière imprudence ,
Au plaisir dangereux d'annoncer la vengeance.

NÉVIL.

Peut-il , de vos amis à peine secondé ,

Renverser un pouvoir que lui-même a fondé?

MARGUERITE.

Va, pour renouveler nos sanglantes querelles,
Un souffle peut encor tirer des étincelles
Du feu qui vit sans cesse au sein de ces climats,
Et qu'ont nourri trente ans de haine et de combats.
Oui, de Lancastre ici le parti peut renaître.
Cet orgueilleux sénat qui veut parler en maître,
Mais qui, du plus heureux suivant toujours la loi,
Tremblait devant Warwick en proscrivant son roi;
Qui n'a su qu'outrager une reine impuissante,
Fléchira devantmoi, s'il me voit triomphante.
Le farouche Écossais, que l'on veut opprimer,
Qui contre ses tyrans est tout prêt à s'armer,
Et du haut de ses monts, contre un joug qui l'offense,
Lutte et défend encor sa fière indépendance;
Ce peuple, qu'en secret je soulève aujourd'hui,
A mes justes desseins prêtera son appui.

NÉVIL.

Mais l'Anglais, fatigué de discorde et de guerre...

MARGUERITE.

L'Anglais ne peut goûter qu'une paix passagère.
Ne crois pas qu'Édouard triomphe impunément.
Mets-toi devant les yeux l'affreux enchaînement
De meurtres, de forfaits, dont la guerre civile
A depuis si long-temps épouvanté cette île.
Songe au sang dont nos yeux ont vu couler des flots,
Sous le fer des soldats, sous le fer des bourreaux.
Vois d'un deuil éternel l'Angleterre couverte :
Ou d'un père, ou d'un fils, chacun pleure la perte.
Tous nés pour la vengeance en nourrissent l'espoir,
Et pour eux, en naissant, c'est le premier devoir.
Que te dirai-je enfin? Le sang et le ravage
Ont endurci le peuple, ont irrité sa rage;
Et par de longs combats au carnage exercé,
Il conserve la soif du sang qu'il a versé.

NÉVIL.

Ainsi donc, de Warwick si long-temps ennemie,
L'intérêt vous rapproche et vous réconcilie.

Votre cœur, engagé dans ses nouveaux projets,
Aurait-il oublié les maux qu'il vous a faits?

MARGUERITE.

Non. J'ai par mon malheur appris à me contraindre ;
Je sais cacher ma haine, et ne sais pas l'éteindre.
Si l'inconstant Warwick, aigri contre son roi,
Veut relever Lancastre, et s'unir avec moi,
Je sais apprécier ce retour politique.
Je ne souffrirai point qu'un sujet despotique,
De l'état avili bravant toutes les lois,
Ait le droit insolent d'épouvanter ses rois ;
Ni qu'en servant son maître il apprenne à lui nuire.
Édouard aujourd'hui suffit pour m'en instruire.
Je ne puis oublier cet exemple récent ;
Et je sais comme on traite un sujet trop puissant.
Mais on vient, et Warwick sans doute ici s'avance...
C'est le roi... Viens, Névil ; évitons sa présence.

# SCÈNE II.

## EDOUARD, SUFFOLCK, GARDES.

ÉDOUARD.

Tu le vois ; désormais tout espoir est perdu ;
Par des emportemens Warwick t'a repondu.
Tout sert à m'irriter, et mon chagrin redouble.
Ne pourrai-je à la fin sortir d'un si long trouble ?
Il faut m'en délivrer. Que l'on nous laisse ici.
Qu'on éloigne surtout Warwick...

# SCÈNE III.

## WARWICK, ÉDOUARD, SUFFOLCK, SUITE D'ÉDOUARD ; GARDES, *dans le fond.*

ÉDOUARD.

Ciel!

WARWICK, *entrant brusquement.*

Le voici.

Je ne m'attendais pas, sire, que la fortune
Dût vous rendre sitôt ma présence importune;
Que jamais contre moi le courroux du destin,
Pour préparer ses traits, empruntât votre main.
Je n'ai pu le penser; je n'ai pu le comprendre.

(*Édouard s'assied.*)

Enfin de votre part il m'a fallu l'apprendre.
C'est ainsi que par vous je suis récompensé!
Voilà le sort brillant qui me fut annoncé,
Ce bonheur et ces jours de gloire et de délices,
Apanage éclatant promis à mes services!
Rappelez-vous ici ce jour, ce jour affreux,
Ce combat si funeste et ces champs malheureux,
Où, du destin cruel éprouvant la colère,
Sur des monceaux de morts expira votre père.
Tout couvert de son sang, et combattant toujours,
Le fer des ennemis allait trancher vos jours.
Je volai; jusqu'à vous je me fis un passage;
Mon bras ensanglanté vous sauva du carnage;
Et bientôt sur mes pas, aidé de mes amis,
De vos guerriers vaincus j'assemblai les débris.
« Warwick, me disiez-vous, prends soin de ma jeunesse:
« C'est dans tes mains, Warwick, que le destin me laisse.
« Sois mon guide et mon père, et je serai ton fils.
« Conduis-moi vers ce trône où je dois être assis.
« Viens, combats, et sois sûr que ma reconnaissance
« Te fera plus que moi jouir de ma puissance. »
Tels étaient vos discours; je les crus, et ma main
S'arma pour vous venger, et changea le destin.
Je vis fuir devant moi cette reine terrible;
J'acquis, en vous servant, le titre d'invincible.
Sans doute qu'à vos yeux de si rares bienfaits,
Ne pouvant s'acquitter, passent pour des forfaits.
Mais du moins envers vous je n'en commis point d'autres.
Je frémirais ici de retracer les vôtres.
Vous avez tout trahi, l'honneur et l'amitié,
Ingrat! et c'est ainsi que vous m'avez payé.

ÉDOUARD.

Modérez devant moi ce transport qui m'offense:

Vantez moins vos exploits ; j'en connais l'importance :
Mais sachez qu'Édouard , arbitre de son sort,
Aurait trouvé sans vous la victoire ou la mort.
Vous n'en pouvez douter ; vous devez me connaître.
Eh ! quels sont donc enfin les torts de votre maître ?
Je vous promis beaucoup : vous ai-je donné moins ?
Le rang où près de moi vous ont placé mes soins ,
L'éclat de vos honneurs , vos biens, votre puissance ,
Sont-ils de vains effets de ma reconnaissance ?
Il est vrai ; j'ai cherché l'hymen d'Élisabeth.
N'ai-je pu faire au moins ce qu'a fait mon sujet ?
Et m'est-il défendu d'écouter ma tendresse ,
De brûler pour l'objet où votre espoir s'adresse ?
Que me reprochez-vous ? Suis-je injuste ou cruel ?
L'ai-je , comme un tyran, fait traîner à l'autel ?
Je me suis, comme vous, efforcé de lui plaire :
Je me suis appuyé de l'aveu de son père ;
J'ai demandé le sien ; et, s'il faut dire plus ,
Elle n'a point encore expliqué ses refus.
Laissez-moi jusque-là me flatter que ma flamme,
Que mes soins empressés n'offensent point son ame ;
Et qu'un cœur, qui du vôtre a mérité les vœux ,
Peut être, malgré vous, sensible à d'autres feux.

WARWICK.

Quand vous n'auriez pas su, puisqu'il faut vous l'apprendre,
Que nos cœurs sont unis par l'amour le plus tendre,
J'avais cru ( je veux bien l'avouer entre nous, )
Avoir acquis des droits assez puissans sur vous ,
Pour ne vous voir jamais essayer de séduire
L'objet qui m'a su plaire , et le seul où j'aspire.
Je me suis bien trompé, je le vois : mais enfin
Il reste à mon amour un espoir plus certain.
Sur le choix de mon cœur vous pouvez entreprendre ;
Je dois en convenir : mais je puis le défendre.
Vous n'avez pas pensé sans doute qu'aujourd'hui
L'amante de Warwick demeurât sans appui.
Jamais Élisabeth ne me sera ravie,
Ou vous ne l'obtiendrez qu'aux dépens de ma vie.
Jamais impunément je ne fus offensé.

ÉDOUARD, *se levant.*

Jamais impunément je ne fus menacé ;
Et si d'une amitié, qui me fut long-temps chère,
Le souvenir encor n'arrêtait ma colère,
Vous en auriez déjà ressenti les effets...
Peut-être cet effort vaut seul tous vos bienfaits.
Ne poussez pas plus loin ma bonté qui se lasse,
Et ne me forcez pas à punir votre audace.
Édouard peut d'un mot venger ses droits blessés ;
Et, fût-il votre ouvrage, il est roi : c'est assez.

WARWICK.

Oui, j'aurais dû m'attendre à cet excès d'injure :
Toujours le sang d'Yorck fut ingrat et parjure.
Mais du moins...

ÉDOUARD.

C'en est trop. Holà ! gardes, à moi.
( *Les gardes font un mouvement pour envelopper War-*
*wick.* )

WARWICK, *tirant son épée.*

Lâches, n'avancez pas : craignez Warwick. Et toi,
Toi qui me réservais cet horrible salaire,
Immole le guerrier qui t'a servi de père.
Prends ce fer de ma main ; frappe un cœur que tu hais :
Va, tu peux d'un seul coup payer tous mes bienfaits.
Frappe, dis-je.

( *Il jette son épée aux pieds du roi.* )

# SCÈNE IV.

WARWICK, ÉLISABETH, ÉDOUARD, SUF-
FOLCK, SUITE D'ÉDOUARD, GARDES.

ÉLISABETH.

Que vois-je ? O ciel ! O jour funeste !
Hélas ! par vos vertus, par ce ciel que j'atteste,
Écoutez-moi, seigneur... C'est moi qu'il faut punir
De ces tristes débats que j'ai dû prévenir.
Oui j'aurais dû plus tôt, vous découvrant mon ame,

Étouffer dans la vôtre une imprudente flamme ;
Et si l'amour, hélas! vous soumet à sa loi,
Ah! vous devez sentir ce qu'il a pu sur moi.
Oui, j'aime dans Warwick ce vertueux courage,
Dont je l'ai vu pour vous faire un si noble usage ;
Mon cœur, dans ce penchant par vous-même affermi,
Dans cet illustre amant chérissait votre ami.

WARWICK.

Vous croyez l'attendrir ; vous vous trompez, madame.
Cet aveu, je le vois, irrite encor son ame ;
Et livré tout entier à sa funeste ardeur,
Il voudrait accabler son triste bienfaiteur ;
Il voudrait à l'autel vous traîner sur ma cendre :
C'est mon sang qu'il lui faut, qu'il brûle de répandre.
Mais avant qu'à vos yeux il puisse s'y plonger,
Il doit craindre peut-être encor plus d'un danger.
Adieu.

( *Il sort.* )


# SCÈNE V.

### ÉLISABETH, ÉDOUARD, SUFFOLCK,
#### SUITE D'ÉDOUARD, GARDES.

ÉDOUARD, *à Suffolck et aux gardes.*

SUIVEZ ses pas ; allez, et qu'on l'arrête.
Qu'on l'enferme à la tour.
( *Suffolck sort avec une partie des gardes.* )


# SCÈNE IV.

### ÉLISABETH, ÉDOUARD, SUITE D'ÉDOUARD,
#### GARDES.

ÉLISABETH.

QUEL orage s'apprête !
Qu'allez-vous ordonner ? Qu'allez-vous faire, ô ciel !
L'amour était-il fait pour vous rendre cruel ?

### ÉDOUARD.

* Non. Je veux prévenir une révolte ouverte ;
* Je veux son châtiment, et ne veux point sa perte.
* Votre cœur devant moi s'est pour lui déclaré ;
* Le mien est par vous deux tour à tour déchiré.
Bravé par un sujet, et haï de vous-même,
J'aurais pu tout permettre à ma fureur extrême.
Peut-être j'aurais dû, dans son coupable sang,
Laver l'indigne affront qu'il faisait à mon rang.
Mais mon cœur frémirait d'un transport si féroce :
L'amour ne m'apprend pas cette vengeance atroce ;
Et dans les mouvemens dont je suis combattu,
Je sais entendre encor la voix de la vertu.
Vous le voyez, madame ; et du moins votre maître,
S'il n'est aimé de vous, était digne de l'être.

### ÉLISABETH.

Eh bien ! si la vertu commande à votre cœur,
De vous-même aujourd'hui sachez être vainqueur :
Oubliez d'un amant l'imprudence excusable.
Ah ! Warwick à vos yeux peut-il être coupable ?
Et pourriez-vous haïr un héros, votre appui ?
S'il vous ose outrager, soyez plus grand que lui ;
Osez lui pardonner : pour punir une offense,
La générosité peut plus que la vengeance.
En excusant ses torts, en lui rendant son bien,
Faites-vous applaudir d'un cœur tel que le sien ;
Songez que sur l'amour cette illustre victoire,
Au-dessus de Warwick élève votre gloire ;
Et me fait à jamais une bien chère loi
d'adorer mon amant, et d'admirer mon roi.

### ÉDOUARD.

Qui ? moi ! lorsqu'un sujet me brave et me menace,
J'irais récompenser sa criminelle audace !
Moi... je pourrais ici...

## SCÈNE VII.

### ÉLISABETH, SUFFOLCK, ÉDOUARD,
SUITE D'ÉDOUARD; GARDES , *dans le fond*.

SUFFOLCK.

LE comte est arrêté :
Même en obéissant il gardait sa fierté.
Ses regards menaçans appelaient la vengeance.
Il a suivi mes pas dans un morne silence :
Mais ce peuple qui l'aime, et dont il fut l'appui,
Paraissait murmurer et s'émouvoir pour lui.

ÉDOUARD , *à Élisabeth*.

Eh bien ! vous l'entendez , et le sort implacable
Ajoute à tout moment à l'horreur qui m'accable.

( *A Suffolck.* )

J'en saurai triompher. Va, ne crains rien pour moi.
Si Londres se soulève, il connaîtra son roi.
De mes gardes ici rassemble les cohortes ;
Et que de ce palais ils occupent les portes.
L'audacieux Warwick espère vainement
M'épouvanter des cris de ce peuple insolent.

( *Suffolck sort.* )

## SCÈNE VIII.

### ÉLISABETH, ÉDOUARD , SUITE D'ÉDOUARD
GARDES , *dans le fond*.

ÉDOUARD.

Vous ne le verrez point l'emporter sur son maître.
C'est cet amour fatal que vous avez fait naître ,
Qui , remplissant ce cœur de vous seule occupé ,
Empoisonne les traits dont le sort m'a frappé.

ÉLISABETH.

Il faut tout réparer : cet effort est possible.
Plus que vous ne pensez , ce moment est terrible.
Laissons là cet amour fait pour nous aveugler.

Un plus grand intérêt me force à vous parler :
C'est celui de l'état. Une reine ennemie,
De vos divisions déjà trop avertie,
Va sur votre ruine élever ses destins :
Elle attise les feux allumés par vos mains :
Sa haine vous poursuit, sa fierté vous menace ;
Et j'ai vu sur son front l'espérance et l'audace.
De vingt mille proscrits les malheureux enfans
Sont prêts à la servir dans ses ressentimens.
Ils entendirent tous, au jour de leur naissance,
Autour de leur berceau le cri de la vengeance :
Voulez-vous leur donner un chef, un défenseur ?
Réunir Marguerite à son fier oppresseur ?
N'armez point un guerrier que ce peuple idolâtre.
Craignez de rappeler sur ce sanglant théâtre
Des spectacles affreux et des scènes d'horreur.
Craignez, pour satisfaire un instant de fureur,
De rouvrir aujourd'hui les blessures récentes
Que déjà vous fermiez de vos mains bienfaisantes.
Warwick a trop sans doute écouté son courroux :
Mais il ne vous hait point, il est encore à vous ;
Et dans l'emportement d'une ame fière et tendre
Le cri de l'amitié semblait se faire entendre.
Je cours auprès de lui ; je lui ferai sentir
Qu'il s'est trop oublié, qu'il doit se repentir :
Je lui rappellerai qu'Édouard est son maître ;
Vous, de vos passions songez au moins à l'être.
Songez quels ennemis vous allez déchaîner.
Si mes soins sur vous deux ne pouvaient rien gagner,
Par vous deux de l'état la perte se consomme ;
Mais j'attends d'un grand roi la grace d'un grand homme.

( Elle sort. )

# SCÈNE IX.

EDOUARD, suite d'Édouard ; gardes, *dans le fond.*

ÉDOUARD.

Et c'est donc là le cœur qu'un sujet m'a ravi !
Possesseur d'un trésor qu'en vain j'ai poursuivi,

A son triomphe encore il joint tant d'insolence !
C'en est trop d'outrager mes feux et ma puissance :
Il verra qu'Édouard, instruit de tous ses droits,
S'il n'a ceux des amans, défendra ceux des rois.

FIN DU TROSIÈME ACTE.

# ACTE IV.

( *Le théâtre représente une prison. Une lampe est sus-
pendue au plafond.* )

## SCÈNE I<sup>re</sup>.

**WARWICK**, *seul, assis auprès d'une table.*

JOUR affreux! Jour d'opprobre! Après vingt ans de gloire!
Quoi! je suis dans les fers! Ah! l'aurais-je pu croire,
Qu'Édouard, se portant à ce terrible éclat,
Exposerait ainsi son trône et son état?
Que dis-je? il connaît mieux ce peuple et sa faiblesse.
Est-ce ainsi que pour moi son zèle s'intéresse?
Vient-il briser mes fers? M'a-t-il vengé du roi?
A l'exemple d'Yorck, tout est ingrat pour moi.
Un jour, un jour peut-être, avec plus de puissance....
Malheureux! dans les fers peut-on crier vengeance?
Il me semble, à ce mot, que ces murs odieux
M'accablent de ma honte et repoussent mes vœux;
Et mes cris, en frappant ces voûtes effrayantes,
Les fatiguent en vain de plaintes impuissantes.
    ( *Il se lève.* )
Mais quel ressouvenir vient m'étonner soudain!
Quel changement, ô ciel! et quels jeux du destin!
Pour l'orgueil des humains leçon rare et terrible!
C'est dans ces mêmes lieux, dans cette tour horrible,

Qu'à vivre dans les fers par moi seul condamné,
Le malheureux Henri languit abandonné.
L'oppresseur, l'opprimé, n'ont plus qu'un même asile.
     (*Il s'assied.*)
Hélas! dans son malheur il est calme et tranquille;
Il est loin de penser qu'un revers plein d'horreur
Enchaîne près de lui son superbe vainqueur.

## SCÈNE II.

### SUMMER, WARWICK.

WARWICK, *levé.*

QUE vois-je? Se peut-il? Eh! quel bonheur extrême!....
Qui t'amène en ces lieux?

SUMMER.

L'ordre du Roi lui-même.
Je l'aborde en tremblant; Élisabeth en pleurs
Faisait parler pour vous la voix de ses douleurs.
« Votre ami, m'a-t-il dit, peut mériter sa grace;
« Mais il faut qu'il apprenne à fléchir son audace.
« Allez l'y préparer... » Je n'ai point su, seigneur,
A quel point il prétend abaisser votre cœur.
Je le connais ce cœur, et je sais qu'on l'outrage:
Je ressens tous vos maux; comptez sur mon courage.
Elevé près de vous, nourri dans les combats,
Où j'appris si souvent à vaincre sur vos pas,
A quelque extrémité que le destin vous livre,
Mon sort est d'être à vous; ma gloire est de vous suivre.
Commandez; je vous sers.

WARWICK.

Ami, tu vois mon sort.
J'ai trop suivi peut-être un indiscret transport,
Aux yeux d'un prince ingrat forfait inexcusable:
Mais tu sais qui de nous est en effet coupable.
Yorck m'a tout ravi, jusqu'à ma liberté.
L'affront que je reçois fait gémir ma fierté.
Déjà le désespoir dont mon ame est saisie,
Eût épuisé ma force, eût consumé ma vie,

Si la vengeance avide, et si chère à mon cœur,
N'eût ranimé mes sens flétris par la douleur.
Ah! comble cet espoir qui console mon ame,
Cher ami; remplis-toi de l'ardeur qui m'enflamme:
Cours embraser les cœurs de ce peuple incertain;
Va, retrace à leurs yeux l'horreur de mon destin.
Dis que des fers honteux enchaînent ma vaillance;
Que je n'attends plus rien que de leur assistance;
Et s'il faut encor plus pour m'assurer leur foi,
Dis que le fier Warwick a pleuré devant toi.
Eh! comment ces Anglais, pour moi si pleins de zèle,
Peuvent-ils balancer à venger ma querelle?
Des droits que j'ai sur eux est-ce là tout l'effet?
Et Marguerite enfin....

SUMMER.

Elle agit et se tait.
J'attends tout de ses soins : elle amasse en silence
Les traits que par ses mains doit lancer la vengeance.
Ses secrets partisans, vos amis, et les siens,
Échauffent par degrés le cœur des citoyens;
Et tous, par elle-même instruits dans l'art des brigues,
Dans ces murs alarmés ont semé leurs intrigues.
Ils disent qu'Édouard vient d'ôter aux Anglais
Un repos nécessaire, et l'espoir de la paix;
Qu'il attire sur eux les armes de la France:
Qu'ils vont de tout leur sang payer son imprudence.
Votre affront les irrite, et je crois qu'en effet...

WARWICK.

Ah! qu'ils arment mon bras, et je suis satisfait.
Suivi des plus hardis pénètre cette enceinte :
Si je suis à leur tête, ils marcheront sans crainte.
J'irai vers Édouard, et nous verrons alors
S'il pourra de mon bras soutenir les efforts;
S'il pourra dans son cours arrêter ma vengeance.
Ah! je ressens déjà, je goûte par avance
Le plaisir de le voir à mes pieds renversé,
Et de lui dire : « Ingrat, qui m'as trop offensé,
« Que j'ai trop bien servi, que j'ai dû mieux connaître,
« Toi qui n'étais pas fait pour te nommer mon maître,

« Vois du moins aujourd'hui si je menace en vain,
« Et reconnais Warwick en mourant par sa main. »
Mais je t'arrête trop, et la fureur m'entraîne :
L'instant où je menace est perdu pour ma haine.
Je t'en ai dit assez ; va, cours, vole.

( Summer sort. )

## SCÈNE III.

### WARWICK., *seul.*

Ah ! du moins,

Si le sort secondait et mes vœux et ses soins !
J'écoute trop sans doute une fougue inutile :
Ce peuple est inconstant, et sa faveur fragile.
Hélas ! le malheureux, par l'espoir aveuglé,
Pleure souvent l'erreur qui l'avait consolé.

( Il s'assied. )

O ciel ! lorsque, chargé du sort de l'Angleterre,
Triomphant dans la paix, ainsi que dans la guerre,
Et d'un peuple idolâtre excitant les transports,
Heureux et tout-puissant, je revoyais ces bords,
Aurais-je pu penser que tant d'ignominie
Dût sitôt éclipser cet éclat de ma vie ;
Et que, frappé bientôt des plus cruels revers,
Je venais dans ces murs pour y trouver des fers ?

## SCÈNE IV.

### WARWICK, ÉLISABETH ; une suivante, *dans le fond.*

### WARWICK, *levé.*

Quoi ! madame, c'est vous ! le tyran qui m'outrage
Me permet ce bonheur que votre amour partage !
Il n'en est pas jaloux ! C'en est fait ; je le vois :
Vous venez me parler pour la dernière fois.
Vous venez me laisser un adieu lamentable.
Tout prêt à m'immoler, un rival implacable

Veut me montrer le bien qui par lui m'est ôté ;
Et puisque je vous vois, mon arrêt est porté.

ÉLISABETH.

Non ; d'un sort plus heureux j'apporte le présage,
Pourvu que, fléchissant ce superbe courage...

WARWICK.

Arrêtez ; votre cœur doit épargner le mien.
Parlez-moi de vengeance, ou ne proposez rien.

ÉLISABETH.

Quoi ! rien n'adoucira votre esprit inflexible !
Édouard, à ma voix, a paru plus sensible.
J'ai rappelé vos soins, votre fidélité ;
Louant votre valeur, blâmant votre fierté,
J'excusais d'un amant l'altière impatience :
J'ai réclamé l'honneur et la reconnaissance,
Les nœuds qui dès long-temps sont formés entre nous :
J'ai juré devant lui d'être toujours à vous ;
J'ai demandé la mort : il a plaint mes alarmes.
Enfin il a promis, en répandant des larmes,
De ne point me forcer à cet hymen affreux
Qui hâterait la fin de mes jours malheureux.
Mais il ne peut souffrir qu'un rival qui l'offense,
En passant dans mes bras, insulte à sa puissance.
Sa colère éclatait à ce seul souvenir.
Tout prêt à s'y livrer, et tout prêt à punir,
Il m'a représenté la révolte enhardie
Menaçant ses états d'un nouvel incendie,
Sa couronne en péril, son honneur offensé,
Par mille factieux votre nom prononcé,
Et les mutins pour vous prêts à s'armer peut-être...

WARWICK.

Ah ! j'en attends l'effet : qu'il est lent à paraître !
Je respire un moment... Je conçois quelque espoir.
Il va sentir les coups qu'il aurait dû prévoir ;
Et bientôt...

ÉLISABETH.

Votre espoir ajoute à mes alarmes.
Vous voulez que pour vous Londres prenne les armes ;

Moi, je déteste, hélas! ce funeste secours.
C'est en vous défendant qu'on expose vos jours.
Édouard jusqu'ici craint, malgré sa colère,
De porter contre vous un arrêt sanguinaire.
Rarement, à son âge, on a pu s'endurcir
Dans les rigueurs du trône et dans l'art de punir.
Mais s'il faut qu'aujourd'hui, soulevant l'Angleterre,
Votre nom soit encor le signal de la guerre,
Songez-vous qu'un monarque, à qui vous insultez,
Pourrait frapper en vous le chef des révoltés?
Vous êtes dans ses mains sans armes, sans défense,
Et vous le menacez!

WARWICK.

              Je suis en sa puissance,
Il est trop vrai. Mon sang, je ne le puis nier,
Est au premier bourreau qu'il voudra m'envoyer.
S'il a, pour l'ordonner, une ame assez hardie,
Et s'il peut, sans trembler, disposer de ma vie,
Je recevrai la mort sans en être étonné :
Mais je mourrai du moins sans avoir pardonné.

ÉLISABETH.

Eh! pardonnez, cruel, à votre triste amante.
Quand mon cœur pour vous seul se trouble et s'épou-
      vante,
Quand je veux vous sauver...

WARWICK.

              Que servent vos douleurs?
Votre tendresse ici me doit plus que des pleurs.
Vous allez supplier un ingrat qui m'opprime!
Secondez bien plutôt le transport qui m'anime!
Armez pour moi tous ceux que l'amitié, le rang,
Le devoir, l'intérêt attache à votre sang.
Craignez-vous de tenter la route où je vous guide?
Est-ce donc en nos jours que le sexe est timide?
Et n'avons-nous pas vu, dans l'horreur des combats,
Marguerite, portant son fils entre ses bras,
Disputer aux guerriers le péril et la gloire,
Et même contre moi balancer la victoire?
Suivez ce grand exemple : elle revient à moi;

Égalez son courage ; osez braver un roi.
Mon amante, occupée à trembler pour ma vie ,
Pourra-t-elle pour moi moins que mon ennemie ?
Allez : et, des Anglais ranimant la valeur ,
Signalez , à leurs yeux , ma femme et mon vengeur.

ÉLISABETH.

Ta femme veut sauver Warwick et la patrie ;
Tu les perds tous les deux : ton aveugle furie
Te cache un précipice à tes pas présenté ,
Et chez tes ennemis tu vois ta sûreté ?
Marguerite te sert! Oses-tu bien l'en croire?
Penses-tu m'éblouir du tableau de sa gloire ?
La crois-tu résolue à te garder sa foi ,
Elle qui n'eut jamais que l'intérêt pour loi :
Elle qui, tour à tour magnanime et cruelle.
En servant son époux , en vengeant sa querelle .
Portait sur ses parens son bras ensanglanté.
Et mêlait la grandeur à la férocité !
Quoi! désormais Lancastre est ta seule espérance!
Toi , du sang des Yorck appui dès leur enfance.
Rappeler sur ce trône , heureusement rempli ,
Une femme implacable , un vieillard avili !
Changer à tous momens d'amis et d'adversaires !
Combattre et soutenir les deux partis contraires !
Crois-moi , c'est étaler aux yeux de l'avenir
Une légèreté dont tu devrais rougir.
Si le parti d'Yorck t'a paru le plus juste ,
Persiste dans ton choix, tu le rends plus auguste.
C'est en vain qu'Édouard eut des torts avec toi;
Couvre de tes vertus les défauts de ton roi ;
Et, lui vouant toujours tes soins et ton hommage,
Honore, au moins pour toi , ce qui fut ton ouvrage :
Répare des affronts qu'il n'a pas dû souffrir :
T'abaisser devant lui , ce n'est point te flétrir.
Lui-même il a paru commander à sa flamme :
Un roi fait le premier cet effort sur son ame ,
Et le sujet balance !

WARWICK.

Eh ! qu'a-t-il fait enfin ?

4

A son indigne amour il a mis quelque frein :
Le sacrifice est grand ! mais moi qu'il deshonore,
Qu'il a mis dans les fers où je languis encore,
Qu'il trahit, qu'il insulte et flétrit tour à tour,
Si je ne suis vengé, je perds tout sans retour.
Peut-être que l'on peut, maître de sa vengeance,
D'un ennemi vaincu dédaigner l'impuissance ;
Peut-être l'on préfère, avec quelque plaisir,
L'orgueil de pardonner à l'orgueil de punir :
Mais signer un accord qu'arrache la contrainte,
Céder à la menace, obéir à la crainte ;
Aller comme un esclave échappé de ses fers,
Demander le pardon des maux qu'on a soufferts !
N'attendez pas de moi cet effort impossible.
Dans mon abaissement je suis plus inflexible.
Je vois tout mon outrage, et je hais sans retour.
Laissez-moi cette haine, ou m'arrachez le jour.

ÉLISABETH.

Eh bien ! c'en est donc fait ! et ton ame barbare
En croit aveuglément cet orgueil qui l'égare.
Ni la voix de l'amour, ni l'espoir d'être à moi,
Mes craintes, mes douleurs, ne peuvent rien sur toi.
Tu brûles d'assouvir ta fureur meurtrière :
Tu voudrais de tes mains embraser l'Angleterre.
Va, nage dans le sang ; va, je ne combats plus
Cet orgueil insensé qui flétrit tes vertus.
Va, cruel, va chercher des triomphes coupables ;
Couvre-toi de lauriers à mes yeux méprisables ;
Va, cours plonger ton bras dans le sein de ton roi :
Mais apprends qu'à ce prix je ne puis être à toi.
Je ne recevrai point dans cette main tremblante
La main d'un furieux de carnage fumante.
La mienne, loin de toi, va finir mes malheurs,
Expier dans mon sang mes funestes erreurs.
C'en est fait ; et je veux, à mon heure suprême,
Maudire, en expirant, Édouard, et toi-même ;
Le sort, le sort affreux qui m'accable aujourd'hui,
Et l'amant plus cruel, plus barbare que lui.

WARWICK.

Arrête.... O toi qui sais ce que mon cœur endure,
Qui devrais adoucir sa profonde blessure,
Toi-même, Élisabeth, viens-tu l'empoisonner?
Hélas! quand tous les maux semblent m'environner,
Écrasé sous le poids, lorsque mon cœur expire,
Ta main, ta propre main, l'arrache et le déchire!
* C'est-là le dernier trait de mon affreux destin;
* C'est ma dernière épreuve, et j'y succombe enfin.
* Cesse de tourmenter une ame anéantie;
* Va, je ne hais plus rien que moi-même et la vie.
Eh bien! va donc trouver ce tyran, cet ingrat....
Va, demande pour moi, dans mon horrible état....
Non le pardon honteux qui m'indigne et m'offense;
Mais dis-lui que Warwick, appui de son enfance,
Qui veillait sur ses jours au milieu des combats,
Et, pour les conserver, s'exposait au trépas;
Qui des rois sur son front ceignit le diadème;
Qui n'a de ses travaux rien voulu pour lui-même;
Accablé de la vie, et lassé de souffrir,
N'attend plus d'un tyran que l'ordre de mourir.

ÉLISABETH.

Quel est l'égarement où ton ame se livre?
Cruel!

# SCÈNE V.

UNE SUIVANTE, dans le fond; ÉLISABETH, UN
OFFICIER, WARWICK, SOLDATS.

L'OFFICIER.

Auprès du Roi, madame, il faut me suivre.
Ses ordres sont pressans. Hâtez-vous.

ÉLISABETH.

C'est assez.

Cieux! éloignez les maux qui me sont annoncés!

WARWICK.

Qui? Toi, m'abandonner! Où vas-tu? Non, demeure.

## WARWICK.

Demeure, Élisabeth... Ah! s'il faut que je meure,
Mes yeux du moins....

ELISABETH — **L'OFFICIER.**

Madame, Édouard vous attend.

**ELISABETH.**

Hélas! pour nous sauver tu n'avais qu'un instant.
Cet instant précieux tu l'as rendu funeste.
Adieu.
(*Elle sort avec sa suivante, suivie de l'officier et des
soldats.*)

**WARWICK.**

Vous l'entraînez !

# SCÈNE VI.

## WARWICK, *seul.*

O TOI , toi que j'atteste,
Toi qui, m'enlevant tout, me refuses la mort,
Peux-tu permettre, ô Dieu, que sous les coups du sort
Le grand cœur de Warwick s'affaiblisse et succombe ?
Avant de m'avilir, ciel, ouvre-moi la tombe.

(*Il s'assied.*)

J'ai peine à résister à mon état affreux.
De momens en momens ce flambeau ténébreux,
Qui luit si tristement dans l'épaisseur des ombres,
Verse un jour plus funèbre, et des lueurs plus sombres.
Malgré moi je frémis : tout porte dans mon cœur
Un chagrin plus profond, une morne douleur....
Hélas! enseveli dans cette nuit cruelle,
Tout ce que je ressens est horrible comme elle.

( *On entend du bruit au-dehors.* )

Mais quel bruit effrayant fait retentir ces lieux ?
Je crois entendre au loin des cris tumultueux.
On approche... Le sort remplit mon espérance;
On m'apporte la mort,

## SCÈNE VII.

**SUMMER**, *l'épée à la main;* **WARWICK**, SOLDATS.

SUMMER.

J'APPORTE la vengeance.
Ami, prenez ce fer; soyez libre et vainqueur.

WARWICK, *avec transport.*

Tout est donc réparé?... Cher ami, quel bonheur!

SUMMER.

Votre nom, votre gloire, et la reine, et moi-même,
Ont rangé sous vos lois un peuple qui vous aime.
* Marguerite, échappée aux gardes du palais,
* D'abord à votre nom rassemble les Anglais;
* Je me joins à ses cris : tout s'émeut, tout s'empresse;
* Tous veulent vous offrir une main vengeresse.
On attaque, on assiége Édouard alarmé,
Avec Élisabeth au palais renfermé.
Paraissez, c'est à vous d'achever la victoire.
Ami, venez chercher la vengeance et la gloire.

WARWICK.

Voilà donc où sa faute et le sort l'ont réduit.
De son ingratitude il voit enfin le fruit.
Il l'a bien mérité. Marchons... Warwick, arrête.
Tu vas à Marguerite assurer sa conquête.
Écraser sans effort un rival abattu!
Sont-ce là des exploits dignes de ta vertu?
Est-ce un si beau triomphe offert à ta vaillance,
D'immoler Édouard, quand il est sans défense?
Ah! j'embrasse un projet plus grand, plus généreux.
Voici de mes instans l'instant le plus heureux :
Ce jour de mes malheurs est le jour de ma gloire.
C'est moi qui vais fixer le sort et ma victoire.
Le destin d'Édouard ne dépend que de moi.
J'ai guidé sa jeunesse, et mon bras l'a fait roi.
J'ai conservé ses jours, et je vais les défendre.
Je lui donnai le sceptre, et je vais le lui rendre;
De tous ses ennemis confondre les projets;

Et je veux le punir à force de bienfaits.
Il connaîtra mon cœur autant que mon courage,
Une seconde fois il sera mon ouvrage.
Qu'il va se repentir de m'avoir outragé !
Combien il va rougir ! Amis, je suis vengé.
Allons, braves Anglais ; c'est Warwick qui vous guide :
Ne désavouez point votre chef intrépide.
Si vous aimez l'honneur, venez tous avec moi,
Et combattre Lancastre et sauver votre roi.

FIN DU QUATRIÈME ACTE.

# ACTE V.

( *La scène est au Palais.* )

## SCÈNE Ire.

ÉLISABETH ; DEUX GARDES *dans le fond.*

ÉLISABETH.

CIEL ! où porter le trouble où mon cœur s'abandonne ?
La terreur me poursuit, et la mort m'environne.
J'entends autour de moi les cris de la fureur,
Les plaintes des mourans... O sort ! O jour d'horreur !
On arrête mes pas. Hélas ! ce que j'ignore
Est plus triste, peut-être, et plus affreux encore ;
Et le ciel, que ma voix est lasse d'implorer,
Quel que soit le succès, me condamne à pleurer.
De Marguerite enfin l'ascendant nous opprime :
Elle a su, malgré moi, traîner dans cet abîme
Deux amis, deux héros, l'un de l'autre admirés,
Deux cœurs nés généreux par l'amour égarés.
* Tout semble m'annoncer son triomphe sinistre.
* Warwick, de ses projets trop aveugle ministre,

* Combat pour son époux après l'avoir vaincu :
* A servir une femme il est donc descendu !
* Tu l'emportes sur nous , trop cruelle ennemie !
* Je cède en gémissant à ton fatal génie :
* Il est de ton destin d'accabler mon pays.
* Eh bien ! verse le sang ; marche sur nos débris :
* Mais du moins, quelque jour, pour sauver l'Angleterre,
* Puisse le juste ciel , à tes desseins contraire ,
* Arracher de tes mains le fruit de nos malheurs !
* Puisses-tu loin de nous, pour prix de tes fureurs,
* Traînant chez l'étranger, devenu ton asile ,
* Une vieillesse obscure , une rage inutile ,
* Mendiant des secours que tu n'obtiendras pas,
* Mourir en détestant ta vie et ton trépas!

# SCÈNE II.

**SUFFOLCK , ÉLISABETH ; DEUX GARDES, *dans le fond.***

ÉLISABETH.

Où courez-vous , Suffolck ? Venez-vous ....

SUFFOLCK.

Ah! madame !
Aux transpots de la joie abandonnez votre ame ;
Jouissez d'un bonheur que vous n'attendiez pas :
Jamais un jour plus beau n'a lui sur ces climats.

ÉLISABETH.

Ah ! ce jour à mon cœur n'offrait rien que d'horrible.
Quoi! Warwick... Achevez.

SUFFOLCK.

Ce héros invincible,
Le plus fier des mortels et le plus valeureux,
Est encor le plus grand et le plus généreux.
Déjà de ses succès Marguerite enivrée
Croyait à son parti la victoire assurée ,
Quand le nom de Warwick , par cent voix répété,
Suspend des combattans l'effort précipité.
Soudain au milieu d'eux il s'avance , il s'écrie :

« Amis, où vous emporte une aveugle furie ?
« Anglais, quel ennemi poursuit votre courroux?
« C'est ce même Édouard jadis choisi par vous,
« Qui vous fut dans ces murs présenté par moi-même,
« Qui de vos propres mains reçut son diadême.
« Si c'est Warwick, amis, que vous voulez venger,
« Défendez votre maître, au lieu de l'outrager.
« Partagez avec moi cette gloire si belle ;
« O mes braves Anglais ! c'est moi qui vous appelle ;
« Reconnaissez ma voix. » Ses paroles, ses traits,
Cet aspect si puissant et si cher aux Anglais,
Le feu de ses regards, cette ame grande et fière,
Cette ame, sur son front respirant tout entière,
Cet empire suprême, et ces droits si certains
Qu'un héros eut toujours sur le cœur des humains,
Subjuguent les esprits. Tout obéit, tout change.
Du côté d'Édouard tout le peuple se range :
Et ce prince et Warwick, pressés de tous côtés,
Dans les bras l'un de l'autre à l'envi sont portés.
J'observais Édouard ; je cherchais à connaître
Si, dans un tel moment, humilié peut-être,
Contre un dépit secret il défendrait son cœur,
Et pourrait à Warwick pardonner sa grandeur ;
Mais rien ne l'a surpris, il faut que j'en convienne.
Dans l'ame de Warwick il semblait voir la sienne :
Il n'était qu'attendri sans être confondu,
Et devant le héros le roi n'a rien perdu.
La joie et le bonheur remplacent les alarmes ;
Le peuple, les soldats, laissent tomber leurs armes.
Enfin dans tous ses droits Édouard affermi
Retrouve sa vertu, son trône, et son ami.

ÉLISABETH.

O Warwick, ô mortel qu'a choisi ma tendresse !
Non, tu ne conçois pas cet excès d'alégresse,
Ces transports que je sens, qu'inspirent à mon cœur
Ces vertus dont sur moi rejaillit la splendeur ;
Cet effort d'un héros, ces honneurs qu'il mérite...
Vient-il?

SUFFOLCK.

Vers la Tamise il poursuit Marguerite.

Quelques mutins encor, dans leur rage obstinés,
A combattre, à périr, semblent déterminés ;
Warwick, le fer en main, les frappe et les renverse ;
Leur foule devant lui succombe et se disperse,
Cependant qu'Édouard, autour de ce palais,
Apaise le désordre et rétablit la paix.

## SCÈNE III.

### ÉDOUARD, ÉLISABETH, SUFFOLCK; GARDES,
*dans le fond.*

SUFFOLCK.

Mais le voici lui-même.

ÉLISABETH.

Ah ! partagez ma joie.
Sire, après tous les maux où mon cœur fut en proie,
Hélas ! j'ai bien le droit de sentir mon bonheur,
D'applaudir au héros si digne de mon cœur,
Que sans doute avec moi vous admirez vous même.
Ce qu'il a fait pour vous, oui, cet effort suprême...

ÉDOUARD.

Je le sens, je l'admire, et je n'en rougis pas :
Un bienfait n'avilit que les cœurs nés ingrats.
C'est peu d'avoir dompté la révolte et la guerre,
C'est peu d'avoir rendu le calme à l'Angleterre ;
Je lui dois encor plus : pour ce cœur satisfait,
L'amitié de Warwick est son plus grand bienfait ;
J'en suis digne du moins, et je lui rends la mienne :
Ma générosité doit égaler la sienne ;
* Et mon cœur n'est pas fait pour le déguisement.
* Je sais qu'il est un art de feindre lâchement ;
* D'oublier un service, et jamais une offense ;
* D'attendre le moment propice à la vengeance.
D'autres le puniraient de les avoir servis ;
Il est beaucoup de rois, il est bien peu d'amis.
Mais j'abhorre à jamais cette exécrable étude,
Cet art de la bassesse et de l'ingratitude.
L'amour seul a produit et mes torts et les siens ;

La vertu nous ramène à nos premiers liens.
A la loi du traité je suis prêt à me rendre.
Il mérita vos vœux, je cesse d'y prétendre.
Je commande à l'amour; et; plein des mêmes feux,
Je saurai...

## SCÈNE IV.

### ÉDOUARD, MARGUERITE, ÉLISABETH, SUFFOLCK ; GARDES, *dans le fond.*

MARGUERITE.

LE destin me ramène à tes yeux;
Tu me vois ta captive, et pourtant triomphante.
Tremble; j'apporte ici le deuil et l'épouvante:
   ( *A Édouard.* )      ( *A Élisabeth.* )
Warwick est ton ami ; Warwick est ton amant:
Frémissez tous les deux dans ce fatal moment:
Il meurt.

ÉLISABETH.

Warwick !

ÉDOUARD.

O ciel !

MARGUERITE.

            Et j'ai proscrit sa vie.
De fidèles amis ont servi ma furie;
Mêlés parmi les siens , ils l'ont enveloppé :
Toi seul es plus heureux , toi seul m'es échappé.

ÉDOUARD.

Barbare !

MARGUERITE.

    J'ai détruit ton défenseur coupable :
Qu'il me servît, ou non, sa mort inévitable
Dut punir aujourd'hui son infidélité,
Ou l'orgueilleux secours que son bras m'eût prêté.
Toi, tu peux le venger ; et tu peux méconnaître
Les droits des souverains : tu n'es pas né pour l'être.
                   ( *Elle sort.* )

## SCÈNE V.

ÉDOUARD, ÉLISABETH, SUFFOLCK; GARDES,
*dans le fond.*

ÉDOUARD.

JE le suis pour punir un monstre furieux.
Ah! que vois-je?


## SCÈNE VI.

ÉDOUARD, SUMMER; WARWICK, *apporté sur
un fauteuil par des soldats*; SUFFOLCK, ÉLISA-
BETH; GARDES, SOLDATS, *dans le fond.*

ÉLISABETH, *courant à Warwick.*

WARWICK, cœur noble et malheureux!
*(Summer et Suffolck sont derrière le fauteuil de
Warwick.)*

ÉDOUARD, *à Warwick.*

Héros que j'ai chéri, que je perds par un crime,
Ah! ma vengeance au moins peut t'offrir ta victime:
Cette femme barbare, au milieu des tourmens,
Bientôt...

WARWICK.

Écoutez moins de vains ressentimens.
Renvoyez à Louis cette reine cruelle;
Il pourrait la venger... Ne craignez plus rien d'elle.
Ce peuple qui m'aima, la déteste aujourd'hui:
Qui m'a donné la mort, ne peut régner sur lui.
Pleurez moins mon trépas... ma carrière est finie
Dans l'instant le plus beau dont s'illustra ma vie.
Ma voix a fait encor le destin des Anglais,
Et j'emporte au tombeau ma gloire et vos regrets.

ÉLISABETH.

Ah! ton Élisabeth ne pourra te survivre;
J'ai vécu pour t'aimer, je mourrai pour te suivre.
Dans la nuit du tombeau tous les deux renfermés,
Unis malgré la mort...

WARWICK.
Vivez, si vous m'aimez.

( *A Édouard.* )
Soyons vrais, de nos maux n'accusons que nous-même :
Votre amour fut aveugle, et mon orgueil extrême.
Vous aviez oublié mes services ; et moi
J'oubliai trop, hélas ! que vous étiez mon roi.
Nous en sommes punis... Mes forces s'affaiblissent ;
Ma voix meurt et s'éteint, et mes yeux s'obscurcissent.
( *A Élisabeth.* )
Ma chère Élisabeth, adieu, séchez vos pleurs ;
Je ressens à la fois la mort et vos douleurs.
Hélas ! il est affreux de quitter ce qu'on aime !
( *A Édouard* )
Réparez, s'il se peut, son infortune extrême ;
Sur ses jours malheureux répandez vos bienfaits.
Warwick meurt votre ami... ne l'oubliez jamais.
         ( *Il meurt.* )

FIN DE WARWICK.

# PHILOCTÈTE,

TRAGÉDIE EN TROIS ACTES ET EN VERS,

## DE LA HARPE;

TRADUITE DU GREC DE SOPHOCLE.

Représentée pour la première fois, par les comédiens français, le 16 juin 1783.

## PERSONNAGES.

PHILOCTÈTE.

ULYSSE.

PYRRHUS.

HERCULE, dans un nuage.

UN GREC.

SOLDATS.

*La scène est dans l'île de Lemnos.*

# PHILOCTÈTE,

## TRAGÉDIE.

## ACTE PREMIER.

*Le théâtre représente le bord de la mer. On voit de côté et d'autre différentes ouvertures entre des rochers ; et la grotte de Philoctète est supposée ne pouvoir être vue que dans le fond du théâtre.*

## SCÈNE I<sup>re</sup>.

ULYSSE, PYRRHUS, DEUX SOLDATS GRECS.

ULYSSE.

Nous voici dans Lemnos, dans cette île sauvage
Dont jamais nul mortel n'habita le rivage.
Du plus vaillant des Grecs, ô vous, fils et rival,
Fils d'Achille, ô Pyrrhus! c'est sur ce bord fatal,
Au pied de ces rochers, près de cette retraite,
Que l'on abandonna le triste Philoctète.
C'est moi qui l'ai rempli, cet ordre de rigueur.
Il le fallait : frappé par quelque dieu vengeur,
D'une incurable plaie éprouvant les supplices,
Il troublait de ses cris la paix des sacrifices,
De son aspect impur blessait leur sainteté,
Et souillait tout le camp de sa calamité.
Mais laissons ce récit : le temps, le danger presse.
Je veux rendre aujourd'hui Philoctète à la Grèce.
S'il sait que dans cette île Ulysse est descendu,
De nos travaux communs tout le fruit est perdu."

Je dois fuir ses regards. Vous, dont le noble zèle
Promit à mes projets l'appui le plus fidèle,
Approchez de cet antre, et voyez son séjour :
Par une double issue il est ouvert au jour ;
Un ruisseau, si le temps n'a point tari son onde,
Coule des flancs creusés d'une roche profonde.
Vous pouvez aisément reconnaître à ces traits
L'asile qu'il habite : observez-en l'accès.
Tâchez de découvrir s'il est dans sa demeure,
S'il est absent. Je puis vous apprendre sur l'heure
Quels grands desseins ici je dois exécuter,
Et surtout quels secours vous devez leur prêter.

  PYRRHUS, *s'avançant au fond du théâtre.*

Au premier de vos soins je vais donc satisfaire.
Oui, je crois voir déjà ce sauvage repaire,
Cette grotte...

    ULYSSE.

  Au sommeil peut-être est-il livré.

    PYRRHUS.

Nul homme ne se montre en ce lieu retiré.
Tout ce que j'apercois, c'est un lit de feuillage,
Un vase d'un bois vil et d'un grossier ouvrage...

    ULYSSE.

Ce sont là ses trésors.

    PYRRHUS.

  Des rameaux dépouillés...

Quelques lambeaux épars que le sang a souillés.
Ah ! Dieux !

    ULYSSE.

  C'est sa retraite : à nos yeux tout l'atteste.
Sans doute il n'est pas loin ; sa blessure funeste
Laisse bien peu de force à ses pas douloureux.
Pourrait-il s'écarter ? hélas ! le malheureux
Est allé sur ces bords chercher sa nourriture,
Quelque plante, remède aux tourmens qu'il endure.

   ( *Aux soldats.* )

Vous, d'un œil attentif observez tout, soldats ;

Que son retour ici ne nous surprenne pas.
De tous les Grecs, objets du courroux qui l'anime,
C'est Ulysse surtout qu'il voudrait pour victime.
　　　　( *Les deux soldats s'éloignent.* )

PYRRHUS.

Il suffit. On se peut assurer sur leur foi.
Sur vos desseins secrets ouvrez-vous avec moi.
Parlez.

ULYSSE.

　　Fils d'un héros , songez bien que la Grèce
A de ses intérêts chargé votre jeunesse.
L'État n'a point ici besoin de votre bras ;
Et la seule prudence y doit guider vos pas,
Doit fléchir la hauteur de votre caractère.
Quoi qu'on exige enfin de notre ministère,
Pour servir la patrie il faut nous réunir :
Elle attend tout de vous, et doit tout obtenir.

PYRRHUS.

Que faut-il ?

ULYSSE.

　　Il s'agit de tromper Philoctète.
Je vois l'étonnement où ce seul mot vous jette ;
Mais n'importe, écoutez : il va vous demander
Qui vous êtes , quel sort vous a fait aborder
Sur les rochers déserts qui défendent cette île ;
Dites-lui sans détour : Je suis le fils d'Achille.
Mais feignez qu'animé d'un fier ressentiment ,
Et contre des ingrats irrité justement ,
Vous retournez aux lieux où vous prîtes naissance;
Que vous abandonnez les Grecs et leur vengeance ;
Les Grecs qui, supplians , abaissés devant vous,
Trop instruits qu'Ilion doit tomber sous vos coups,
Ont au pied de ses murs conduit votre courage,
Et qui, de vos bienfaits vous payant par l'outrage,
Près du tombeau d'Achille ont dépouillé son fils ;
De vos exploits, des siens, vous ont ravi le prix ;
Et, préférant Ulysse , ont à votre prière
Refusé l'héritage et l'armure d'un père.

Contre moi-même alors, s'il le faut, éclatez
En reproches amers par le courroux dictés,
Sans craindre que ma gloire en paraisse flétrie :
On ne peut m'offenser en servant la patrie ;
Et vous la trahissez, si Philoctète enfin
Échappe au piége adroit préparé par ma main.
Ne vous y trompez pas, sans les flèches d'Hercule,
En vain vous nourrissez l'espérance crédule
De renverser les murs du superbe Ilion ;
Oui, pour marquer les jours de sa destruction,
Il faut que Philoctète aille aux remparts de Troie ;
Et des flèches qu'il porte Ilion est la proie.
Vous seul de tous les Grecs, vous pouvez aujourd'hui,
Sans crainte et sans danger, paraître devant lui.
Il ne peut avec eux vous confondre en sa haine :
Vous n'avez point prêté le serment qui m'enchaîne.
Vous n'eûtes point, trop jeune au gré de votre ardeur,
De part à nos exploits, non plus qu'à son malheur.
Mais s'il savait qu'Ulysse a touché ce rivage,
Nous devons, vous et moi, tout craindre de sa rage.
C'est la ruse, en un mot, qui, seule, dans vos mains
Fera passer ces traits dont les coups sont certains ;
Ces traits, dépôt fatal, trésor cher et terrible,
Armes d'un demi-dieu, qui l'ont fait invincible.
Je connais votre cœur : il feint malaisément ;
Sans doute il n'est pas né pour le déguisement.
Mais le prix en est doux, seigneur : c'est la victoire.
L'artifice est ici le chemin de la gloire.
Osez tromper pour vaincre, et n'en croyez que moi.
Ailleurs de l'équité suivons l'austère loi ;
Sachons en respecter les bornes légitimes ;
Aujourd'hui seulement oublions ses maximes.
Je ne veux rien qu'un jour, un seul jour ; désormais
A vous, à vos vertus, je vous rends pour jamais.

PYRRHUS.

A suivre vos conseils comment puis-je descendre ?
Loin de les approuver, je souffre à les entendre.
Cessez, fils de Laërte, un semblable discours :
Achille ne m'a point instruit à ces détours :
A son sang, comme à lui, la fraude est étrangère ;

Et ce n'étaient point là les armes de mon père.
S'il nous faut entraîner Philoctète aux combats,
Je prétends contre lui n'employer que mon bras.
Faible et seul contre tous, où serait sa défense?
J'ai promis avec vous d'agir d'intelligence;
Mais, dût-on m'accuser de faiblesse et d'erreur,
Je crains le nom de traître, il me fait trop d'horreur.
J'aime mieux, s'il le faut, succomber avec gloire,
Que d'avoir à rougir d'une indigne victoire.

ULYSSE.

Et moi, Pyrrhus, aussi comme vous autrefois,
Sans peur dans les dangers, dans les conseils sans voix,
Je crus que la valeur seule pouvait tout faire.
Aujourd'hui que le temps me détrompe et m'éclaire,
Je vois qu'il faut surtout, pour régir des états,
Que la tête commande et conduise le bras.

PYRRHUS.

Mais quoi! c'est un mensonge enfin qu'on me demande.

ULYSSE.

Le mensonge est léger; la récompense est grande.

PYRRHUS.

De fléchir ce guerrier n'est-il aucun moyen?

ULYSSE.

La douceur ni la force ici ne peuvent rien.

PYRRHUS.

La force! ce mortel est-il donc indomptable?

ULYSSE.

Ses traits portent la mort, la mort inévitable.

PYRRHUS.

Ainsi, l'on risque même à s'offrir devant lui?

ULYSSE.

Oui, si l'art ne vous sert et de guide et d'appui.

PYRRHUS.

Trahir la vérité! le peut-on sans bassesse?

ULYSSE.

On le doit, s'il s'agit du salut de la Grèce.

PYRRHUS.

Me résoudre à tromper ! moi, seigneur ! J'en rougis.

ULYSSE.

Eh comment ! rougit-on de servir son pays ?

PYRRHUS.

Quoi ! pour servir les Grecs, n'est-il point d'autre voie ?

ULYSSE.

A Philoctète enfin les dieux ont promis Troie.

PYRRHUS.

Ainsi l'on m'abusait, lorsqu'on a prétendu
Qu'à mes destins, à moi, ce triomphe était dû ;
Et mon cœur, que flatta son erreur et la vôtre,
S'enivrait d'un honneur réservé pour un autre !

ULYSSE.

La gloire entre tous deux est commune aujourd'hui :
Il ne peut rien sans vous, ni Pyrrhus rien sans lui.

PYRRHUS.

« Eh bien ! des immortels il faut remplir l'oracle !
« A leurs profonds desseins qui pourrait mettre obstacle ?
« Je dois venger un père, et soutenir son nom :
« Cet honneur n'appartient qu'au vainqueur d'Ilion.
« J'ai pour le mériter fait plus d'un sacrifice...
« A Philoctète au moins je puis, sans artifice,
« Me plaindre des affronts dont je fus indigné ;
« Je tairai seulement que j'ai tout pardonné.
« Puisqu'il le faut enfin, je consens qu'il ignore
« Qu'offensé par les Grecs, Pyrrhus les sert encore.
« Il en coûte à mon cœur et je cède à regret. »

ULYSSE.

Accomplissez des Dieux l'immuable décret.
Le prix de la sagesse et celui du courage,
De qui leur est soumis est le double apanage.

PYRRHUS.

Je bannis tout scrupule... on le veut... j'obéis.

ULYSSE.

Mes conseils dans ce cœur sont-ils bien affermis ?

Puis-je compter sur vous?

PYRRHUS.

Ma parole est un gage
Qui doit vous rassurer.

ULYSSE.

Je retourne au rivage.
Demeurez : attendez Philoctète en ces lieux.
Je vous laisse un moment; et que puissent les dieux,
Mercure protecteur, Minerve tutélaire,
De nos soins partagés assurer le salaire!
Adieu.

## SCÈNE II.

### PHYRRUS, *seul*.

La pitié parle à mon cœur combattu.
Sous quel affreux destin Philoctète abattu
Traîne depuis dix ans sa vie infortunée!
Sa misère en ces lieux gémit abandonnée;
Tourmenté de sa plaie, assiégé de besoins,
Il souffre sans remède, il pleure sans témoins.
Seul, il conte ses maux à la mer, au rivage,
Sans avoir un ami dont la voix le soulage.
Ignorant la douceur des soins compatissans,
Il n'a point de soutien de ses jours languissans,
Pas même ce plaisir si cher aux misérables,
De voir, d'entretenir, d'entendre ses semblables.
De l'aspect des humains privé dans ses malheurs,
L'écho seul des rochers répond à ses douleurs.
Quel sort! et cependant, illustre dans la Grèce,
Égal à tous nos chefs, en courage, en noblesse,
Pour un autre avenir il semblait destiné :
A cette épreuve, hélas! les dieux l'ont condamné :
Nos jours sont leur présent; nos destins leur ouvrage!
Heureux qui de leur main ne reçut en partage
Que cet état obscur, que du moins leur faveur
Éloigna des dangers qui suivent la grandeur!
Mais un soldat revient.

## SCÈNE III.

**PYRRHUS**, un soldat.

### LE SOLDAT.

PHILOCTÈTE s'approche.

Dans un sentier étroit non loin de cette roche,
Je l'ai vu se traîner d'un pas appesanti,
Tremblant, par la douleur sans cesse ralenti;
Il m'a vu : sur mes pas sans doute il va paraître.

## SCÈNE IV.

**PYRRHUS, PHILOCTÈTE**, deux soldats.

### PHILOCTÈTE.

Hélas ! au nom des dieux, qui que vous puissiez être,
Étrangers, que les vents dans cette île ont portés,
D'où venez-vous chercher ces bords inhabités ?
Et quel est votre nom ? quelle est votre patrie ?
Vous m'offrez de la mienne une image chérie ;
Oui, c'est l'habit des Grecs qu'avec transport je vois.
Répondez, que je puisse entendre votre voix,
Reconnaître des Grecs l'accent et le langage ;
Ah ! n'ayez point d'horreur de mon aspect sauvage.
Je ne suis point à craindre : ayez, ayez pitié
D'un malheureux, du monde et des dieux oublié.
La grace que de vous ici je dois attendre,
C'est qu'au moins vous daigniez me parler et m'entendre.

### PYRRHUS.

Soyez donc satisfait : nous sommes Grecs.

### PHILOCTÈTE.

O ciel!

Après un si long-temps d'un exil si cruel,
Oh ! que cette parole à mon oreille est chère!
Quel dessein, ou pour moi quel vent assez prospère,
A guidé vos vaisseaux et vous mène en ces lieux ?
Parlez et contentez mes desirs curieux.

PYRRHUS.

On me nomme Pyrrhus : je suis le fils d'Achille ;
Je suis né dans Scyros, et retourne à cette île.
Vous savez tout:

PHILOCTÈTE.

                    O fils d'un mortel renommé ,
D'un héros que jadis mon cœur a tant aimé !
O du vieux Lycomède et l'élève et la joie !
De quels bords venez-vous ?

PYRRHUS.

                              Des rivages de Troie.

PHILOCTÈTE.

Comment! vous n'étiez point au nombre des guerriers
Qui contre ses remparts marchèrent les premiers ?

PYRRHUS.

Vous-même, en étiez-vous ?

PHILOCTÈTE.

                              Vous ignorez peut-être
Quel mortel devant vous le destin fait paraître.

PYRRHUS, *à part.*

(*Haut.*)
Il faut dissimuler. » D'où puis-je le savoir ?
Pour la première fois nous venons de vous voir.

PHILOCTÈTE.

Quoi ! mon nom , mes revers , ma funeste aventure...

PYRRHUS.

Je n'en ai rien appris.

PHILOCTÈTE.

                    O comble de l'injure!
Eh bien ! suis-je en effet assez infortuné,
Des dieux et des mortels assez abandonné ?
La Grèce de mes maux n'est pas même informée ;
On en étouffe ainsi jusqu'à la renommée ;
Et quand le mal affreux dont je suis consumé
Devient plus dévorant et plus envenimé ,
Mes lâches oppresseurs , dans leur secrète joie,

Insultent aux tourmens dont ils m'ont fait la proie.
O mon fils ! vous voyez délaissé dans Lemnos
Ce guerrier, autrefois compagnon d'un héros,
Inutile héritier des traits du grand Alcide,
Philoctète, en un mot, que l'un et l'autre Atride,
Excités par Ulysse à cette lâcheté,
Ont, seul et sans secours, dans cette île jeté,
Blessé par un serpent de qui la dent impure
M'infecta des poisons d'une horrible morsure.
Les cruels !... De Chrysa vers les bords Phrygiens
La victoire appelait leurs vaisseaux et les miens.
Nous touchons à Lemnos ! accablé du voyage,
Le sommeil me surprend sous un antre sauvage.
On saisit cet instant, on m'abandonne, on part :
On part, en me laissant, par un reste d'égard,
Quelques vases grossiers, quelque vile pâture ;
Des voiles déchirés, pour sécher ma blessure ;
Quelques lambeaux, rebut du dernier des humains :
Puisse Atride éprouver de semblables destins !
Quel réveil ! quel moment de surprise et d'alarmes !
Que d'imprécations ! que de cris et de larmes !
Lorsqu'en ouvrant les yeux, je vis fuir mes vaisseaux,
Que loin de moi les vents emportaient sur les eaux ;
Lorsque je me vis seul sur cette plage aride,
Sans appui dans mes maux, sans compagnon, sans guide !
Jetant de tout côté des regards de douleur,
Je ne vis qu'un désert, hélas ! et le malheur ;
Tout ce qu'on m'a laissé, le désespoir, la rage !....
Le temps accrut ainsi mes maux et mon outrage.
J'appris à soutenir mes misérables jours.
Mon arc, entre mes mains seul et dernier recours,
Servir à me nourrir ; et lorsqu'un trait rapide
Faisait du haut des airs tomber l'oiseau timide,
Souvent il me fallait, pour aller le chercher,
D'un pied faible et souffrant gravir sur le rocher,
Me traîner en rampant vers ma chétive proie ;
Il fallait employer cette pénible voie
Pour briser des rameaux, et pour y recueillir
Le feu que des cailloux mes mains faisaient jaillir.
Des glaçons dont l'hiver blanchissait ce rivage

J'exprimais avec peine un douloureux breuvage.
Enfin cette caverne et mon arc destructeur,
Et le feu, de la vie heureux conservateur,
Ont soulagé du moins les besoins que j'endure;
Mais rien n'a pu guérir ma funeste blessure.
Nul commerce, nul port aux voyageurs ouvert,
N'attire les vaisseaux dans ce triste désert.
On ne vient à Lemnos que poussé par l'orage;
Et depuis si long-temps errant sur cette plage,
Si j'ai vu des nochers, malgré tous leurs efforts,
Pour obéir aux vents descendre sur ces bords,
Je n'en obtenais rien qu'une pitié stérile,
Des consolations le langage inutile,
Des secours passagers, ou de vieux vêtemens;
Mais, malgré ma prière et mes gémissemens,
Nul n'a sur les vaisseaux accueilli ma misère,
Ni voulu sur les flots me conduire à mon père.
Depuis dix ans, mon fils, je languis dans ces lieux,
Sans cesse dévoré d'un mal contagieux,
Victime d'une lâche et noire ingratitude,
Souffrant dans l'abandon et dans la solitude.
Les Atrides, Ulysse, ainsi m'ont attaché
A ce supplice lent que leur haine a cherché;
Ils m'ont surpris ainsi dans les piéges qu'ils tendent;
Ils m'ont fait tous ces maux! que les dieux les leur rendent!

PYRRHUS.

Noble fils de Pœan, je ressens vos malheurs;
J'en déteste avec vous les coupables auteurs:
J'y reconnais la main d'Ulysse et des Atrides;
Eh! qui sait mieux que moi combien ils sont perfides?

PHILOCTÈTE.

Quoi! vous-même, Pyrrhus? vous ont-ils outragé?

PYRRHUS.

Que puissé-je du moins être bientôt vengé!
Puissé-je apprendre aux rois d'Ithaque et de Mycènes
A respecter le sang qui coule dans mes veines!

PHILOCTÈTE.

De grace, instruisez-moi de leurs nouveaux forfaits.

6

PYRRHUS.

Comment vous raconter les affronts qu'ils m'ont faits?
Quand la parque d'Achille eut borné la carrière...

PHILOCTÈTE.

Qu'entends-je? Achille est mort!

PYRRHUS.

      Oui, seigneur; mais mon père
Sous les coups d'un mortel du moins n'est pas tombé;
Sous les traits d'Apollon Achille a succombé.

PHILOCTÈTE.

O mort, digne en effet d'un héros invincible!
O perte qui pour moi n'en est pas moins sensible?
Pardonnez si mes pleurs vous ont interrompu;
Aux mânes d'un ami cet hommage était dû.

PYRRHUS.

Ce tribut douloureux pour mon cœur a des charmes;
Mais pour d'autres que vous vous reste-t-il des larmes?

PHILOCTÈTE.

O mon fils!... poursuivez.

PYRRHUS.

      Je pleurais ce héros,
Quand Ulysse et Phœnix, descendus à Scyros,
Alléguant un oracle et flattant ma jeunesse,
Vinrent, au nom des dieux protecteurs de la Grèce,
M'assurer qu'à moi seul, à mon sang, à mon nom,
Appartenait l'honneur de détruire Ilion;
Que Pyrrhus héritait des grands destins d'Achille:
De me persuader sans doute il fut facile.
Le désir d'embrasser les restes précieux
D'un père que jamais n'avaient connu mes yeux;
D'aller offrir mes pleurs à des cendres aimées,
Qui sous la tombe encor n'étaient point enfermées;
L'ardeur de le venger; le dirai-je? l'orgueil
De renverser des murs qui furent son écueil;
Tout entraînait mes pas. Par le ciel protégée,
Ma flotte, au second jour, touche au port de Sigée.
Au sortir du vaisseau, je me vois entouré

De tout un camp, de joie et d'espoir enivré ;
Tous jurent à la fois qu'on voit revivre Achille :
Hélas ! il n'était plus !... d'une douleur stérile
A ses mânes sacrés je porte les tributs ;
Et, l'œil humide encor de mes pleurs répandus,
Je me présente aux chefs, et ma juste prière
Réclame devant eux l'héritage d'un père.
Quelle fut leur réponse ! « Oui, ces biens sont à vous ;
« Disposez-en, seigneur, et les recueillez tous :
« Mais ses armes d'un autre ont été le partage,
« Ulysse les possède. » Indigné de l'outrage,
Des larmes de dépit coulèrent de mes yeux :
« Ces armes sont à moi, j'en atteste les dieux,
« Dis-je alors, De quel droit une main étrangère
« M'a-t-elle osé ravir une armure si chère ? »
« Je l'obtins, dit Ulysse, et ce don m'était dû :
« C'est le prix du service à la Grèce rendu,
« Quand je sauvai l'armée et votre père même. »
A ces mots, révolté de son audace extrême,
J'exhale les transports d'un courroux éclatant,
Et menace les Grecs de partir à l'instant,
Si je n'obtiens raison de ce vol sacrilége.
« Jeune homme, me dit-il, tu n'étais point au siége.
« Tu n'as rien fait pour nous, et menaces encor !
« Ne crois pas à Scyros remporter ce trésor :
« Tu ne l'auras jamais. » Les chefs, amis d'Ulysse,
Se déclarent pour lui, protégent l'injustice ;
Et moi, qu'un tel affront a percé jusqu'au cœur ;
Moi, qu'on dépouille ainsi sans égard, sans pudeur,
Je retourne à Scyros, loin de ces rois perfides,
Et plus qu'Ulysse encor j'accuse les Atrides.
Ce sont eux qui, méchans avec impunité,
Protecteurs de la fraude et de l'iniquité,
Infectent tous les cœurs de leurs lâches maximes :
Et l'abus du pouvoir enfante tous les crimes.
O ciel ! que l'ennemi de ces rois odieux
Soit l'ami de Pyrrhus et soit l'ami des dieux !

PHILOCTÈTE.

Je vois qu'on vous a fait une cruelle injure.
Ce n'est pas sans raison que loin d'un camp parjure

Vous avez vers Scyros pressé l'heureux retour
Qui vous a, grace aux dieux, conduit dans ce séjour.
De Sisyphe en effet le rejeton profane
Du mensonge toujours fut l'auteur et l'organe ;
De l'adroite imposture il aiguise les traits ;
Sa main est occupée à tramer des forfaits.
Mais de quel œil Ajax a-t-il vu cette offense ?

PYRRHUS.

On ne l'eût pas osé commettre en sa présence.
Mais le trépas d'Ajax a mis la Grèce en deuil.

PHILOCTÈTE.

Dieux ! Ulysse respire ! Ajax est au cercueil.
Et ce sage mortel à qui l'expérience
Donnait de l'avenir la triste prévoyance ,
Nestor , mon vieil ami , l'ame de mes conseils ,
Qui confondit cent fois Ulysse et ses pareils ,
Que fait-il ?

PYRRHUS.

L'infortune accable sa vieillesse ;
Il se traîne au tombeau , consumé de tristesse ;
Il gémit d'être père : il survit à son fils.

PHILOCTÈTE.

Antiloque ?....

PYRRHUS.

Est tombé sous des traits ennemis.

PHILOCTÈTE.

A de nouveaux regrets chaque moment me livre.
Quoi ! tous ceux que j'aimais ont donc cessé de vivre ,
Ou subi les rigueurs d'un destin ennemi ?
Et d'Achille du moins ce vertueux ami ,
Patrocle, dont les Grecs admiraient le courage ?

PYRRHUS.

Du redoutable Hector son trépas fut l'ouvrage.
Telle est la guerre enfin. Mars dans ses jeux sanglans
Moissonne les vertus et fait grace aux méchans.

PHILOCTÈTE.

Grace au ciel , mon attente est trop bien confirmée.

La mort a respecté le rebut de l'armée ;
Les héros ne sont plus : aux lâches, aux pervers,
Les Dieux semblent fermer les portes des enfers ;
Aux plus grands des humains ils en ouvrent la route.
Ulysse est donc vivant !... et Thersite sans doute.
Voilà, voilà les dieux ; et nous les adorons !

PYRRHUS.

Pour moi je vous l'ai dit : lassé de tant d'affronts,
Je m'éloigne à jamais d'une odieuse armée
Où la vertu rougit par la brigue opprimée.
Scyros est pour mon cœur un séjour assez doux ;
Et toujours la patrie à des charmes pour nous.
Puisse des Dieux fléchis la bonté tutélaire
Guérir les maux affreux que vous fit leur colère !
Tels sont, fils de Pœan, tels sont les justes vœux
Que Pyrrhus en partant peut joindre à ses adieux.

PHILOCTÈTE.

Vous partez !

PYRRHUS.

      Il le faut, et mes vaisseaux n'attendent
Que l'instant d'obéir aux vents qui nous commandent.

PHILOCTÈTE.

Ah ! par les immortels de qui tu tiens le jour,
Par tout ce qui jamais fut cher à ton amour,
Par les mânes d'Achille et l'ombre de ta mère,
Mon fils, je t'en conjure, écoute ma prière :
Ne me laisse pas seul en proie au désespoir,
En proie à tous les maux que tes yeux peuvent voir :
Cher Pyrrhus, tire-moi des lieux où ma misère
M'a long-temps séparé de la nature entière.
C'est te charger, hélas ! d'un bien triste fardeau,
Je ne l'ignore pas : l'effort sera plus beau
De m'avoir supporté : toi seul en étais digne ;
Et de m'abandonner la honte est trop insigne ;
Tu n'en es pas capable : il n'est que des grands cœurs
Qui sentent la pitié que l'on doit aux malheurs,
Qui sentent d'un bienfait le plaisir et la gloire.
Il sera glorieux, si tu daignes m'en croire,
D'avoir pu me sauver de ce fatal séjour :

J'usqu'aux vallons d'OEta le trajet est d'un jour.
Jette-moi dans un coin du vaisseau qui te porte,
A la poupe, à la proue, où tu voudras, n'importe.
Je t'en conjure encore, et j'atteste les dieux :
Le mortel suppliant est sacré devant eux.
Je tombe à tes genoux, ô mon fils! je les presse,
D'un effort douloureux qui coûte à ma faiblesse.
Que j'obtienne de toi la fin de mes tourmens ;
Accorde cette grace à mes gémissemens.
Mène-moi dans l'Eubée, ou bien dans ta patrie :
Le chemin n'est pas long à la rive chérie
Où j'ai reçu le jour, aux bords du Sperchius ;
Bords charmans, et pour moi depuis long-temps perdus.
Mène-moi vers Pœan : rends un fils à son père.
Eh! que je crains, ô ciel! que la parque sévère
De ses ans, loin de moi, n'ait terminé le cours!
J'ai fait plus d'une fois demander ses secours :
Mais il est mort sans doute ; ou ceux de qui le zèle
Lui devait de mon sort porter l'avis fidèle,
A peine en leur pays, ont bien vite oublié
Les sermens qu'avait faits leur trompeuse pitié.
Ce n'est plus qu'en toi seul que mon espoir réside ;
Sois mon libérateur ; ô Pyrrhus, sois mon guide!
Considère le sort des fragiles humains :
Eh! qui peut un moment compter sur les destins?
Tel repousse aujourd'hui la misère importune,
Qui tombera demain dans la même infortune.
Il est beau de prévoir ces retours dangereux,
Et d'être bienfaisant alors qu'on est heureux.

PYRRHUS.

A la voix du malheur pourrais-je être insensible?
Non, vous m'avez rendu le refus impossible.
Je cède à vos desirs : venez sur mes vaisseaux.
Que le ciel, qui par moi veut terminer vos maux,
Accorde un vent propice à votre impatience,
Et nous conduise au port où tend votre espérance.

PHILOCTÈTE.

Jour heureux! cher Pyrrhus ; vous, compagnons chéris,
O Grecs! dans les transports de mes sens attendris,

Que ma reconnaissance au moins se fasse entendre.
Pour un si grand bienfait d'ailleurs que puis-je rendre ?
Souffrez que Philoctète, abandonnant ce lieu,
A cet asile encor dise un dernier adieu.
Ma grotte, après dix ans, me doit être sacrée.
Venez voir ma demeure obscure et resserrée,
Et connaissez quels maux vous daignez secourir ;
Vous ne pourrez les voir, et j'ai pu les souffrir.
Et la nécessité, des lois la plus sévère,
M'a rendu bien souvent cette caverne chère.

PYRRHUS.

Je ne m'oppose pas à de si justes soins ;
Prenez tout ce qui peut servir à vos besoins.

PHILOCTÈTE.

Eh ! que puis-je emporter ? qu'est-ce que je possède ?
Des plantes de ces bords, seul et faible remède
Dont l'effet passager assoupit mes douleurs.
Mes seuls biens sont mon arc et mes traits destructeurs.

PYRRHUS.

Ah! sans doute ce sont les flèches redoutées
Que de son sang impur l'Hydre avait infectées.

PHILOCTÈTE.

Oui, je n'ai point d'autre arme ; et que puissent les cieux
Ne m'enlever jamais ce trésor précieux !

PYRRHUS.

Puis-je toucher au moins ces armes révérées,
Que jadis d'un héros les mains ont consacrées ?
Puis-je les regarder d'un œil religieux?

PHILOCTÈTE.

Ah! sur moi, mon cher fils, tu peux ce que tu veux.

PYRRHUS.

Rejetez, s'il le faut, ma prière timide,
Et ne profanez point l'héritage d'Alcide.

PHILOCTÈTE.

Ta piété me charme ; hélas! n'est-ce pas toi
Qui me rends à la vie, à ma famille, à moi ;
Qui daignes sur ces bords, où chaque instant me tue,

Relever ma misère à tes pieds abattue?
Tu trompes les fureurs de mes vils ennemis:
J'étais mort en ces lieux; tu parais, je revis.
Prends sur moi désormais une entière puissance :
Le plaisir des bons cœurs est la reconnaissance.
Cet arc, qui fut jadis un don de l'amitié,
Pour prix de tes vertus te sera confié.
Tu dois à tes bienfaits ce noble privilége;
Nul n'y porta jamais une main sacrilége;
Nul, sans craindre la mort, n'osa s'en approcher :
Viens : toi seul des mortels auras pu le toucher.
Allons... Ciel!... ô douleurs!

PYRRHUS.

Quelle soudaine atteinte,
Seigneur, de votre sein arrache cette plainte ?

PHILOCTÈTE.

Rien... je te suis... ah! dieux!

PYRRHUS.

Que leur demandez-vous ?

PHILOCTÈTE.

De nous ouvrir la route et de veiller sur nous.
Dieux!

PYRRHUS.

Vous déguisez mal le trouble qui vous presse.

PHILOCTÈTE.

Non, je reviens à moi; pardonne à ma faiblesse.
Marchons... ah! je ne puis.

PYRRHUS.

Comment?

PHILOCTÈTE.

Il n'est plus temps
De te cacher encor de si cruels tourmens.
Non, c'est trop, c'est en vain dissimuler mes peines.
Le poison se répand dans mes brûlantes veines.
Mon fils, avec le fer termine mes douleurs;
Tranche, tranche mes jours... frappe, dis-je, je meurs,
Je meurs à chaque instant.

PYRRHUS.

          Mon ame intimidée
De cet horrible état...

PHILOCTÈTE.

          Tu n'en as pas l'idée.
Mais prends pitié de moi, je t'en conjure : hélas !
Que l'aspect de mes maux ne te rebute pas.
Ne m'abandonne point... Ma blessure fatale
Produit ces noirs accès, calmés par intervalle.
Je dois te l'avouer.

PYRRHUS.

          Ne craignez rien. Qui ! moi,
Moi, vous abandonner, quand vous avez ma foi !
Venez, et rappelant votre force première...

PHILOCTÈTE.

J'implore, mon cher fils, une grace dernière :
Le mal qui m'a surpris, finit par le sommeil ;
Et le soulagement suit l'instant du réveil.
Maintenant abattu, trop faible pour te suivre,
A tes soins généreux Philoctète se livre.
Viens dans ma grotte, viens, je mets en ton pouvoir
Ces flèches que tes yeux ont souhaité de voir ;
Mais prends garde surtout que la force ou l'adresse
N'enlève ce dépôt qu'entre tes mains je laisse.
Je perds tout, si jamais...

PYRRHUS.

          Non, soyez rassuré :
Je réponds sur mes jours de ce trésor sacré.

PHILOCTÈTE.

C'est mon unique bien, c'est le seul qui me reste :
Veuille le juste ciel qu'il te soit moins funeste
Qu'il ne le fut, hélas ! pour Alcide et pour moi !

PYRRHUS.

Le ciel nous conduira ; nous marchons sous sa loi :
Puisse-t-il nous frayer une route prospère !

PHILOCTÈTE.

Il n'exaucera point tes vœux et ta prière.

 PHILOCTÈTE.

L'indomptable venin, passant jusqu'à mon cœur,
Dans mon sang embrasé bouillonne avec fureur;
Il redouble de rage, il s'acharne à sa proie...
Ah ! ne me quittez pas , amis, que je vous voie!...
Ne vous éloignez point... Il faut, il faut qu'enfin...
Ulysse , que ce feu ne brûle-t-il ton sein !
C'est à vous , fils d'Atrée , à vous , ô rois perfides !
A vous seuls qu'étaient dus ces tourmens homicides.
O mort, dont tant de fois j'implorai le secours;
Mort, que toujours j'appelle , et qui me fuis toujours,
Quand me recevras-tu dans mon dernier asile?

   *(à Pyrrhus.)*

Prends le feu de Vulcain qui brûle dans cette île;
Mets-moi sur le bûcher , comme jadis mes mains
Osèrent y placer le plus grand des humains.
Le prix que j'en reçus sera ta récompense...
Mais il ne m'entend pas : je n'ai plus d'espérance.
Pyrrhus ! où donc es-tu , cher Pyrrhus ?

     PYRRHUS.

        Je gémis,
Je pleure sur vos maux.

    PHILOCTÈTE.

     Tu pleures , mon cher fils !
Garde cette pitié ; jure, quoi qu'il arrive,
De ne me point laisser mourant sur cette rive.
Ta bouche l'a promis ; ton cœur ne peut changer.
Mon mal est effrayant , mais il est passager.
Je n'espère qu'en toi.

    PYRRHUS.

   Soyez sans défiance.

   PHILOCTÈTE.

Qu'un serment solennel m'en donne l'assurance.

    PYRRHUS.

J'en atteste les dieux : recevez-en ma foi.

    PHILOCTÈTE.

Ah ! ne me touche pas , n'approche point de moi.

    PYRRHUS.

Eh quoi! de mes secours voulez-vous vous défendre ?

PHILOCTÈTE.

Peut-être jusqu'à toi le poison peut s'étendre.
Laisse-moi.... C'en est fait.... O terre de Lemnos !
Reçois donc un mourant qui succombe à ses maux.
  ( *Il tombe évanoui sur un banc de pierre.* )

PYRRHUS, *aux soldats.*

Aidez-moi, chers amis ; portons-le en son asile.
Attendons le moment où d'un sommeil tranquille
La douceur salutaire aura calmé ses sens ,
Et suspendu le cours de ses affreux tourmens.
( *Ils soutiennent Philoctète , et l'emmènent hors du
théâtre.* )


FIN DU PREMIER ACTE.

---

# ACTE II.

## SCÈNE Iʳᵉ.

PYRRHUS, *seul; ( Il tient à sa main l'arc et les flèches
d'Hercule.* )

« LES voilà donc ces traits par qui la destinée
« Doit marquer d'Ilion la dernière journée ;
« Ces traits à qui le ciel attacha notre sort ,
« Et qui d'Achille enfin doivent venger la mort !
« Philoctète en mes mains ainsi les abandonne !
« On veut les lui ravir, et c'est lui qui les donne !
« Mais ce n'est rien encor, si lui-même avec nous
« Ne marche à ces remparts dévoués à nos coups.
« Il est loin d'y penser ; et, tout prêt à me suivre,
« A mes soins, à ma foi l'infortuné se livre.
« Et je le trahirais ! non : ce retour affreux
« Est indigne d'un cœur qu'il a cru généreux.
« Il faut lui dire tout : c'est trop en croire Ulysse ,

« Trop contre Philoctète employer l'artifice,
« Abuser contre lui de son horrible état :
« Tromper un malheureux est un double attentat. »
Mais il vient.

## SCÈNE II.

#### PYRRHUS, PHILOCTÈTE, DEUX SOLDATS.

PHILOCTÈTE.

O réveil ! ô jour qui me ranime !
Pyrrhus, est-il bien vrai ? ta bonté magnanime
Par l'excès de mes maux n'a pu se rebuter !
Pyrrhus près d'un mourant a donc pu s'arrêter !
Et sans que mon malheur le fatigue ou l'effraie,
Il supporte l'aspect et l'horreur de ma plaie !
Achille t'a transmis sa générosité.
Les Atrides ainsi ne m'avaient pas traité.
Mais allons. Je suis prêt à marcher au rivage.
Le sommeil, du poison a suspendu la rage.
Viens.

PYRRHUS.

Que ferai-je, hélas !

PHILOCTÈTE.

Tu balances !.... ô ciel !

PYRRHUS, *à part.*

Oserai-je lui faire un aveu si cruel ?

PHILOCTÈTE.

La pitié que d'abord tu m'avais annoncée,
Du poids de mes malheurs serait-elle lassée?

PYRRHUS.

Oh! combien la vertu souffre à se démentir !

PHILOCTÈTE.

De quelle faute ici peux-tu te repentir?
Les secours que de toi j'attends dans ma misère,
Ne feront point rougir les mânes de ton père.

PYRRHUS.

C'est moi qui dois rougir, moi, qui suis désormais

Coupable si je parle, et vil si je me tais.
PHILOCTÈTE.

Tu veux m'abandonner; ton cœur se le propose :
Tu veux partir sans moi.

PYRRHUS.

Non, mais si je m'expose
A mériter de vous des reproches plus vrais?
Même en vous emmenant, si je vous trahissais?
PHILOCTÈTE.

Toi!... que veux-tu me dire? explique ce mystère.

PYRRHUS.

Eh bien! sachez donc tout : je ne puis plus rien taire.
PHILOCTÈTE.

Comment?

PYRRHUS.

Pour Ilion vous partez avec moi.
PHILOCTÈTE.

Qu'as-tu dit? juste ciel!

PYRRHUS.

Daignez entendre...
PHILOCTÈTE.

Eh quoi?
Que veux-tu que j'écoute, et que prétends-tu faire?
PYRRHUS.

A vos pénibles maux pour jamais vous soustraire;
Vous guérir, et bientôt partager avec vous
Un honneur que les dieux n'ont réservé qu'à nous.
Sous vos coups, sous les miens, ils feront tomber Troie.

PHILOCTÈTE.

Ce sont là tes desseins?

PYRRHUS.

Oui, le ciel qui m'envoie
Du soin de les remplir nous a chargés tous deux.
PHILOCTÈTE.

Je suis trahi, perdu; qu'as-tu fait, malheureux?

Pyrrhus, est-il bien vrai ? rends-moi, rends-moi mes armes.

PYRRHUS.

Je ne le puis , seigneur; et la Grèce en alarmes
Ne saurait aujourd'hui voir changer ses destins
Que par ces traits puissans remis entre mes mains.
Je lui dois obéir ; et je veux bien pour elle
Oublier, je l'avoue, une injure cruelle :
Mon cœur, qui s'en plaignait, ne vous a point déçu ;
Mais j'immole à l'état l'affront que j'ai reçu.
Imitez mon exemple.

PHILOCTÈTE.

O trahison ! ô rage !

Quoi! tu me préparais cet exécrable outrage!
Lâche, tu m'as séduit par d'indignes détours ,
Pour m'enlever ainsi le soutien de mes jours!
Et lorsque tu trahis la foi qui m'était due ,
Tu peux me regarder et soutenir ma vue!
Tromper un suppliant qui gémit à tes pieds!
Rends-moi, rends-moi ces traits que je t'ai confiés.
Tu ne peux les garder : c'est mon bien , c'est ma vie;
Et ma crédulité doit-elle être punie ?
Rougis d'en abuser... au nom de tous les dieux...
Tu ne me réponds rien! tu détournes les yeux!
Je ne puis te fléchir !... ô rochers ! ô rivages !
Vous, mes seuls compagnons, ô vous, monstres sauvages!
( Car je n'ai plus que vous à qui ma voix, hélas!
Puisse adresser des vœux que l'on n'écoute pas ;)
Témoins accoutumés de ma plainte inutile ,
Voyez ce que m'a fait le fils du grand Achille.
Il promet de m'ôter de ces tristes climats;
Il jure qu'à mon père il conduira mes pas ;
Et quand il me flattait de cette fausse joie,
Le perfide, c'était pour me conduire à Troie.
Il consolait un cœur qu'il cherchait à frapper ;
Sa main touche la mienne, et c'est pour me tromper.
Il ose me ravir mes flèches homicides,
Pour en faire un trophée aux insolens Atrides !
Il triomphe de moi, comme s'il m'eût dompté !
Il ne s'aperçoit pas, dans ma calamité ,

Qu'il triomphe d'une ombre aux enfers descendue !
Oh ! devant que ma force en ces lieux fût perdue,
S'il m'avait attaqué !... même tel que je suis,
Ce n'est que par surprise... Ah ! Pyrrhus ! ah ! mon fils !
Souviens-toi de ton nom, reprends ton caractère ;
Sois semblable à toi-même, et semblable à ton père.
Tu gardes le silence, et je te parle en vain...
Antre, qui m'as reçu, je reviens dans ton sein ;
J'y rentre dépouillé, privé de nourriture,
Et je n'attends de toi rien que la sépulture.
Tu me verras mourir : les hôtes des forêts
Ne ressentiront plus l'atteinte de mes traits.
Ma retraite contre eux n'a plus rien qui m'assure ;
J'en avais fait ma proie, et serai leur pâture ;
Et je suis donc tombé dans ce revers affreux,
Pour avoir cru Pyrrhus sincère et généreux !
Écoute : jusqu'ici mon courroux, qui balance,
N'a point des immortels imploré la vengeance.
Tu peux changer encore et céder à mes vœux ;
Tremble d'y résister, crains ma voix et les dieux.

PYRRHUS.

Je ne crains que mon cœur : Philoctète, la Grèce,
Les sermens que j'ai faits, la pitié qui me presse...
Ah ! plût au ciel jamais n'avoir quitté Scyros !

PHILOCTÈTE.

Abjure des desseins indignes d'un héros.
Aux yeux de l'univers aurais-tu la bassesse
De tromper le malheur, d'accabler la faiblesse ?
Tu n'es pas né méchant ; quelque autre t'a conduit ;
Par de lâches conseils je vois qu'on t'a séduit.
Le crime t'entraînait, que la vertu te guide.

PYRRHUS.

Quel parti prendre, ô ciel !

## SCÈNE III.

**PHILOCTÈTE, PYRRHUS, ULYSSE**, SUITE DE SOLDATS.

ULYSSE, *arrivant avec précipitation.*

Qu'ATTENDEZ-VOUS, perfide ?
Remettez-moi ces traits.

PHILOCTÈTE.

C'est Ulysse, grands dieux !

ULYSSE.

Lui-même.

PHILOCTÈTE.

Ciel ! où suis-je ? Ulysse dans ces lieux !
Ah ! lui seul a tout fait : ce cruel artifice,
Tout cet affreux complot est l'ouvrage d'Ulysse.
Mes armes ! c'en est trop, mes armes !...

ULYSSE.

Non, Pyrrhus
Sait respecter des Grecs les ordres absolus.
Ces armes sont à nous, il ne peut vous les rendre.
Vous, marchez sur nos pas : c'est trop vous en défendre ;
Ne vous obstinez plus à résister aux dieux,
Ou je vous fais sur l'heure enlever de ces lieux.

PHILOCTÈTE.

Tu me menaces, traître !... O Lemnos, mon asile !
Feux sacrés de Vulcain allumés dans cette île !
Vous, mes seuls protecteurs, ô dieux de ces climats,
Vous voyez cet outrage et ne me vengez pas !

ULYSSE.

Jupiter est leur maître ; et c'est lui qui m'amène.

PHILOCTÈTE.

Ainsi tu fais les dieux complices de ta haine,
Artisans du parjure et de l'iniquité !

ULYSSE.

Je vous parle en leur nom ; suivez leur volonté.

PHILOCTÈTE.

Penses-tu donc traiter Philoctète en esclave ?

ULYSSE.

Je le traite en guerrier et généreux et brave ,
En digne compagnon de tant de rois fameux ,
Qui doit renverser Troie et triompher comme eux.
Ne fuyez point la gloire à vos regards offerte :
Venez , le ciel l'ordonne , et la route est ouverte.

PHILOCTÈTE.

Tant que cet antre obscur pourra me recevoir ,
De m'arracher d'ici rien n'aura le pouvoir.
Oui , j'aime mieux mourir ; du haut de cette roche
J'aime mieux à l'instant...

ULYSSE , *aux Soldats.*

Gardez qu'il en approche ;
Préservez-le , soldats , de sa propre fureur.
( *Les soldats environnent Philoctète* ).

PHILOCTÈTE.

O comble de l'opprobre , ainsi que de l'horreur !
O bras jadis à craindre , aujourd'hui sans défense !
Du plus vil des mortels je reçois cette offense !
Lâche , qui ne connais ni remords , ni pudeur ,
De ce jeune héros tu séduis la candeur.
Son ame noble et pure , et semblable à la mienne ,
N'était pas faite , hélas ! pour imiter la tienne.
Il déteste en secret les complots qu'il servit ;
Sa faiblesse docile à regret t'obéit.
Son cœur sensible et bon , dont j'entends le murmure ,
Se reproche à présent sa fraude et mon injure.
A ton fatal génie il ne peut échapper ;
Et toi seul , en un mot , sus l'instruire à tromper.
Et maintenant encor , pour combler tes outrages ,
Tu prétends m'enlever de ces mêmes rivages
Où tu m'abandonnas , où je suis délaissé ,
Du nombre des vivans dès long-temps effacé.
Ah ! que puissent les dieux... Que dis-je , misérable !
Les dieux s'occupent-ils de mon sort déplorable ?
Et pourquoi répéter trop vainement , hélas !

Ces imprécations que le ciel n'entend pas ?
Ses rigueurs sont pour moi, ses faveurs pour Ulysse.
Tu triomphes, cruel, et ris de mon supplice !
Ma douleur fait ta joie ; et ta prospérité
Est un affront de plus à ma calamité.
Va, va t'en réjouir avec tes chers Atrides,
Vante leur le succès de tes ruses perfides.
Malgré toi cependant tu suivis leurs drapeaux,
Tandis qu'à leur secours j'ai conduit mes vaisseaux.
Ils prodiguent pour toi leurs biens et leur puissance ;
Il m'ont abandonné : voilà ma récompense.
Du moins tu les chargeas de ce crime honteux,
Et toi-même à ton tour en es chargé par eux.
Mais, dis-moi, que veux-tu ? pourquoi dans sa retraite,
Pourquoi dans son tombeau troubles-tu Philoctète ?
Je suis mort pour la Grèce ; et comment à tes yeux
Ne suis-je plus un poids incommode, odieux,
Offensant les autels de ma présence impure,
L'horreur de tout un camp souillé par ma blessure ?
C'étaient là tes discours... barbare, si les dieux
Sont justes une fois ; s'ils exaucent mes vœux...
Et je vois qu'ils le sont ; je vois qu'ils vous punissent :
Leurs redoutables mains sur vous s'appesantissent.
De quelque trait fatal si vous n'étiez frappés,
A me chercher ici seriez-vous occupés ?
Eh bien ! égale enfin le supplice à l'offense,
Ciel, qui m'as si long-temps refusé la vengeance !
De mes longues douleurs entends le dernier cri ;
Extermine les Grecs, et je me crois guéri.

ULYSSE.

Aux transports violens d'une aveugle furie
Je n'oppose qu'un mot : j'ai servi la patrie.
C'est là mon seul honneur ; c'est là mon seul devoir.
Sur les cœurs quelquefois ma voix eut du pouvoir ;
Mais je ne prétends pas en avoir sur le vôtre.
Vous voulez demeurer, et je vous cède ; un autre
Saura des immortels mériter les bienfaits ;
Cet arc est dans nos mains garant de nos succès.
Le valeureux Teucer en saura faire usage ;
Moi-même de cet art j'ai fait l'apprentissage ;

Et pour lancer ces traits, arbitres des combats,
Le bras d'Ulysse au moins peut valoir votre bras.
Nourrissez à loisir la haine et la colère ;
Habitez cette rive à votre cœur si chère.
Peut-être que les dieux, en conduisant mes coups,
M'accorderont un prix qu'ils destinaient pour vous.

PHILOCTÈTE.

Toi ! posséder mes traits et mon arc homicide ?
Armes que si long-temps porta le grand Alcide,
Non, vous ne serez point au dernier des humains ;
Vous vous indigneriez de passer dans ses mains.
Quoi ! tu te montrerais à la Grèce étonnée,
Paré de ma dépouille à ce point profanée ?

ULYSSE.

Je n'écoute plus rien ; je pars.

PHILOCTÈTE.

                    Et toi, Pyrrhus ?
Vous, amis, à ma voix vous ne répondiez plus ?

ULYSSE.

Pyrrhus, de votre cœur surmontez la faiblesse.
Si vous ne me suivez vous trahissez la Grèce ;
Venez sans lui parler, sans détourner les yeux.

PYRRHUS.

Souffrez que nos soldats demeurent en ces lieux.
On peut à son malheur, on peut à ma prière
Accorder sans danger cette grace dernière ;
Et tandis qu'on s'apprête à quitter ce séjour,
Que l'on demande aux dieux un fortuné retour,
Philoctète, abjurant une haine funeste,
Pourra mettre à profit le moment qui lui reste.
Il peut enfin se rendre ; il peut se repentir...

                    (aux Grecs.)
Vous, au premier signal soyez prêts à Partir.

## SCÈNE IV.

### PHILOCTÈTE, soldats.

Eh bien ! à tant d'horreurs il faut que je succombe :
Lemnos fut ma demeure ; elle sera ma tombe.
Tout espoir est perdu ; tout secours m'est ôté.
Oiseaux, ne fuyez plus cet antre redouté.
Hôtes de ces rochers, approchez-moi sans crainte ;
Mes mains n'ont plus ces traits dont vous craigniez l'at-
    teinte.
Vengez-vous, et tranchez mes jours infortunés :
Bientôt la faim, sans vous, les aura terminés.
Moi, j'irais secourir des ingrats, des perfides !
Non, périssent les Grecs, périssent les Atrides !
C'en est donc fait, hélas ! je mourrai loin de vous,
O patrie ! ô mon père !... Il m'eût été bien doux
Avant que d'expirer de vous revoir encore !
Je vous abandonnai pour ces Grecs que j'abhorre ;
Pour eux seuls j'ai tout fait ; pour eux seuls tout quitté.
Ma mort en est le prix... Je l'ai bien mérité.
           (*Il rentre dans la caverne.*)


FIN DU SECOND ACTE.

---

# ACTE III.

## SCÈNE Ire.

### ULYSSE, PYRRHUS.

#### ULYSSE.

Où courez-vous, seigneur ? quel transport vous agite ?
N'expliquerez-vous point cette soudaine fuite ?
De tous nos compagnons pourquoi vous séparer ?

PYRRHUS.

Pour expier ma faute, et pour la réparer.

ULYSSE.

Et quelle faute, encore?

PYRRHUS.

Ah! d'avoir pu vous croire,
Lorsque, fidéle aux Grecs, et trahissant ma gloire,
Je me suis abaissé jusqu'à tromper la foi
De cet infortuné qui se livrait à moi.

ULYSSE.

Et que prétendez-vous ?

PYRRHUS.

Lui rendre enfin justice.

ULYSSE.

Vous ! comment ?

PYRRHUS.

Je n'obtins que par un artifice
Ces traits que d'un héros lui laissa l'amitié ;
Et je lui remettrai ce qu'il m'a confié.

ULYSSE.

Juste ciel ! ce dessein, qui me remplit d'alarmes,
Vous pourrez l'accomplir ? vous lui rendrez ses armes ?
Ah ! de grace, songez...

PYRRHUS.

Tout est examiné.

ULYSSE.

Vous l'avez résolu ?

PYRRHUS.

J'y suis déterminé.

ULYSSE.

Et Pyrrhus pense-t-il qu'ici rien ne s'oppose
Au funeste projet que son cœur se propose ?

PYRRHUS.

Et qui l'empêchera ?

ULYSSE.

Qui? tous les Grecs et moi.

PYRRHUS.

Je brave leur courroux, et l'attends sans effroi.
Quand je fais mon devoir, je ne saurais rien craindre.

ULYSSE.

Le devoir! croyez-vous, seigneur, ne point l'enfreindre?
Est-ce donc à vous seul que doit appartenir
Un bien que mes conseils vous ont fait obtenir?

PYRRHUS.

Il est vrai, vos conseils (il faut que j'en rougisse,)
M'avaient fait malgré moi commettre une injustice.
Ici la politique emprunta votre voix :
Mais l'équité l'emporte; et j'accomplis ses lois.

ULYSSE.

Ainsi donc, laissant Troie à nos coups échappée,
C'est contre vous, Pyrrhus, qu'il faut tirer l'épée.

PYRRHUS.

Armez-vous contre moi : la mienne est prête : allez.

ULYSSE.

Les Grecs vont vous punir, puisque vous le voulez.
Vous n'aurez pas long-temps défié leur puissance;
Et la peine du moins suivra de près l'offense.

( *Il sort.* )

## SCÈNE II.

### PYRRHUS, *seul.*

Qu'ils viennent : j'aime mieux éprouver leur fureur
Que d'avoir plus long-temps à combattre mon cœur.
Je ne rougirai plus aux yeux de Philoctète,
Je l'ai fait avertir.

## SCÈNE III.

PYRRHUS, PHILOCTÈTE, SOLDATS GRECS.

Pourquoi de ma retraite
Venez-vous me tirer ? que voulez-vous enfin ?
Venez-vous augmenter l'horreur de mon destin !
Ah ! sans doute, cruel, c'est là votre espérance.

( *Il s'assied sur un banc de pierre.* )

PYRRHUS.

Rassurez-vous, seigneur, soyez sans défiance.
Daignez m'entendre au moins.

PHILOCTÈTE.

Il m'en a trop coûté.
Je suis trop bien puni de t'avoir écouté,
Auteur de tous les maux dont mon cœur est la proie.....

PYRRHUS.

Eh bien ! au repentir n'est-il aucune voie?

PHILOCTÈTE.

C'est avec ces discours que tu m'avais séduit,
Que dans un piége affreux toi-même m'as conduit.
Oui, tu trompas ainsi ta crédule victime.

PYRRHUS.

Vous connaîtrez bientôt quel intérêt m'anime.
Dites-moi seulement (c'est tout ce que veux)
Si vous vous obstinez à rester en ces lieux ;
Si vous êtes toujours à vous-même contraire ;
Si rien de ce dessein ne saurait vous distraire.
De grace, répondez.

PHILOCTÈTE.

Oui, j'y suis résolu,
Résolu pour jamais.

PYRRHUS.

Hélas ! j'aurais voulu
De ce cœur trop aigri fléchir la violence ;
Mais, si vous l'ordonnez, je garde le silence.

### PHILOCTÈTE.

Tu parlerais en vain : traître, c'est bien à toi
Qu'il convient de prétendre aucun pouvoir sur moi.
Va, trop indigne fils du plus illustre père,
Lorsqu'aujourd'hui ta fourbe a comblé ma misère,
Tu m'offres des conseils ! ôte-toi de mes yeux ;
Va retrouver Ulysse et tes Grecs odieux.
Tu n'échapperas pas, ni toi, ni les Atrides,
Au céleste courroux qui poursuit les perfides.
Je vous ai dévoués aux vengeances des dieux ;
Qu'elles tombent sur vous : ce sont là mes adieux.

### PYRRHUS.

Plus d'imprécations, ni de cris, ni de larmes.
Connaissez mieux Pyrrhus, et reprenez vos armes.

### PHILOCTÈTE.

Est-ce un piége nouveau qui me serait tendu ?

### PYRRHUS.

Recevez de mes mains ce bien qui vous est dû.
Ne craignez rien de moi, quand je viens vous le rendre ;
Me punisse le ciel, si je veux vous surprendre.

### PHILOCTÈTE, *se levant avec joie et reprenant ses flèches.*

Je reconnais ton sang à ce noble retour ;
Ce n'est pas un Sisyphe à qui tu dois le jour.
Tu viens de me montrer que la vertu t'est chère,
Que la gloire t'anime, et qu'Achille est ton père.

### PYRRHUS.

Ah ! pour son fils, seigneur, il doit être bien doux
De voir que ce grand nom est si sacré pour vous,
Qu'il vous fait oublier ma faute et ma faiblesse.
Eh bien ! s'il est ainsi, souffrez que ma jeunesse,
Instruite par les dieux, dicte leur volonté,
Et s'arme contre vous de leur autorité.
Seigneur, il est des maux dont une loi sévère
Nous impose, en naissant, le fardeau nécessaire ;
Des maux dont nul mortel ne peut être excepté,
Que nous fait la nature et la fatalité.
Mais lorsque nos malheurs sont notre propre ouvrage,

Lorsque nous repoussons la main qui nous soulage,
Rebelles aux conseils et sourds à l'amitié,
Nous devenons dès-lors indignes de pitié.
Votre ame est inflexible, elle aigrit sa blessure :
Les avis les plus chers sont pour vous une injure.
Tous les soins sont perdus : le plus fidèle ami,
S'il veut vous apaiser, vous semble un ennemi.
Je parlerai pourtant, et je puis vous apprendre
L'oracle que sur vous les dieux viennent de rendre.
Le troyen Hélénus, ce prophète sacré,
Sur nos destins communs est par eux éclairé.
Captif entre nos mains, il nous offre sa vie,
Si sa prédiction se trouve démentie.
Le ciel vous a puni : c'est lui dont la rigueur
Suscita contre vous le reptile vengeur,
Du temple de Chrysa le gardien redoutable,
Alors que, profanant l'asile inviolable
A ses soins confié par les dieux immortels,
Vous alliez y porter des regards criminels.
Vous ne verrez cesser le fléau qui vous frappe,
Qu'en cherchant parmi nous les enfans d'Esculape,
Qu'en prenant Ilion : la céleste faveur
De sa chute entre nous a partagé l'honneur.
De tous ces grands destins digne dépositaire,
Avez-vous donc aux dieux quelque reproche à faire ?
Ils vous offrent, seigneur, les plus nobles travaux,
Le bonheur, la victoire, et la fin de vos maux.

PHILOCTÈTE.

Pourquoi traîné-je encore une inutile vie,
Que le ciel dès long-temps devrait m'avoir ravie ?
Que fais-je, hélas ! au monde, où je n'ai qu'à souffrir ?
Faut-il combattre encor ce que je dois chérir ?
Qu'un mortel généreux, qu'il faut que je révère,
M'adresse cependant une vaine prière !
Pyrrhus, epargne-moi ; cesse de m'accuser :
Va, mon dernier malheur est de te refuser.
Mais que demandes-tu ? quelle est ton injustice ?
Veux-tu que Philoctète à ce point s'avilisse ?
Qu'il reparaisse aux yeux des mortels indignés,
Couvert de tant d'affronts qu'il aura pardonnés ?

8

Où porter désormais ma honte volontaire ?
Ce soleil qui voit tout, ce jour qui nous éclaire,
Verra-t-il Philoctète auprès d'Ulysse assis ?
Et pourrai-je d'Atrée envisager le fils ?
Qu'en puis-je attendre encore ? et sur quelle assurance
D'un avenir meilleur fondes-tu l'espérance ?
Sais-tu quel traitement ils me gardent un jour ?
Va, de ces cœurs ingrats n'attends point de retour :
Le crime flétrit l'ame et ne conduit qu'au crime.
En leur faveur, dis-moi, quel intérêt t'anime ?
Je dois te l'avouer : je m'étonne en effet
Que tu serves les Grecs, après ce qu'ils t'ont fait.
Toi-même me l'as dit, que leur lâche insolence
D'Ajax et de Pyrrhus outragea la vaillance,
Et des armes d'Achille osa priver son fils ;
Et ton bras s'armerait contre leurs ennemis !
Garde, garde plutôt le serment qui te lie ;
Ramène Philoctète aux bords de Thessalie ;
Et toi-même à Scyros, tranquille et respecté,
Laisse périr les Grecs comme ils l'ont mérité.
Ainsi d'un malheureux tu finis la misère ;
Ainsi dans son tombeau tu consoles ton père ;
Et tu n'as plus la honte, aux yeux de l'univers,
De rester le complice et l'appui des pervers.

PYRRHUS.

C'est contre vous, seigneur, que votre voix prononce :
Le ciel veut vous guérir ; sa clémence l'annonce :
Le remède est certain, et vous le rejetez !

PHILOCTÈTE.

Laisse-les-moi ces maux : je les ai supportés.

PYRRHUS.

Pyrrhus est votre ami.

PHILOCTÈTE.

      C'est l'ami des Atrides.
Tu voudrais me traîner au camp de ces perfides,
Où de tous mes malheurs le cruel souvenir....

PYRRHUS.

Il les vit commencer, il les verra finir ;

Et pour votre salut il n'est point d'autre voie.

PHILOCTÈTE.

Ne parle plus des Grecs, ne parle plus de Troie,
Tous deux m'ont trop coûté de pleurs et de tourmens ;
Je ne te dis qu'un mot : j'ai reçu tes sermens ;
Veux-tu les accomplir ?

PYRRHUS.

Je les tiendrai, sans doute,
Malgré tous les périls qu'il faut que je redoute,
Dût la Grèce en fureur contre nous deux s'armer.

PHILOCTÈTE.

Va, leur ressentiment ne doit pas t'alarmer.
Pyrrhus aura pour lui la vertu qui le guide,
La cause la plus juste, et les flèches d'Alcide.

PYRRHUS.

Eh bien donc ! suivez-moi.

# SCÈNE VI.

## PHILOCTÈTE, PYRRHUS, ULYSSE, SOLDATS
DE LA SUITE D'ULYSSE.

ULYSSE.

Non, ne l'espérez pas ;
Ulysse et tous les Grecs arrêteront vos pas.

PHILOCTÈTE.

Ulysse ! attends : mes traits vont punir ton outrage.

PYRRHUS, *le retenant.*

Ah ! gardez-vous d'en faire un si funeste usage ;
Vous les tenez de moi.

PHILOCTÈTE.

Dans un sang odieux
Laisse-moi les tremper...

PYRRHUS.

Seigneur, au nom des dieux !...
(*Le tonnerre gronde.*)

Écoutez, leur voix parle ; entendez le tonnerre :
Leur pouvoir se déclare.

PHILOCTÈTE.

Oui, leur juste colère
M'encourage à frapper mon indigne ennemi.

# SCÈNE V.

## PHILOCTÈTE, PYRRUS, ULYSSE; HERCULE,
*dans un nuage.*

HERCULE.

ARRÊTE, et reconnais Hercule et ton ami.
Je descends pour toi seul de la voûte éternelle.
Je partage des dieux la grandeur immortelle.
Tu sais par quels chemins je m'y suis élevé :
Par les mêmes travaux tu dois être éprouvé.
Ton sort est de marcher dans les sentiers d'Alcide :
Suis ce jeune héros qui s'offre pour ton guide.
La Grèce sur tes pas conduira ses guerriers ;
Et le sang de Pâris doit teindre tes lauriers ;
Sa vie est dévouée aux flèches que tu portes.
Du coupable Ilion tu briseras les portes.
Pour Pyrrhus et pour toi les destins ont gardé
Ce triomphe éclatant si long-temps retardé.
Allez chercher tous deux votre commune proie.
Présente au vieux Pœan les dépouilles de Troie ;
Mais lorsqu'en son palais tu rentreras vainqueur,
Rapportant dans Œta le prix de ta valeur,
Sur le tombeau d'Alcide offres-en les prémices :
A mes flèches, à moi tu dois ces sacrifices.
Va, de ta guérison Esculape est chargé.
Rends grace aux immortels qui t'auront protégé.
Honore-les toujours : ta gloire est leur ouvrage.
D'un cœur religieux ils chérissent l'hommage ;
Et la pure vertu, le plus beau don des cieux
Ne meurt point avec l'homme, et se rejoint aux dieux.

(Il remonte dans son nuage.)

PHILOCTÈTE.

O voix auguste et chère, et long-temps attendue !
O voix avec transport de mon cœur entendue !
Je vous obéirai : tous mes ressentimens
Doivent être effacés dans de si doux momens.
Je me rends, c'en est fait : sous ces heureux auspices,
Partons, brave Pyrrhus, avec les vents propices.
Remplissons le destin qui nous est confié :
Je sers, en vous suivant, les dieux et l'amitié.

FIN DE PHILOCTÈTE.

# CORIOLAN,

TRAGÉDIE EN CINQ ACTES ET EN VERS,

# DE LA HARPE;

Représentée pour la première fois par les comédiens ordinaires du Roi, le mardi 2 mars 1784.

# PERSONNAGES.

C. MARCIUS, surnommé CORIOLAN.
T. VOLUMNIUS, sénateur, ami de Coriolan.
TULLUS, général des Volsques.
AUFIDE,  
PROCULE, } officiers Volsques.
ALBIN, romain, de la suite de Volumnius.
VÉTURIE, mère de Coriolan.
FLAVIE, suivante de Véturie.
DEUX FEMMES romaines.
SÉNATEURS romains.
CHEFS,  
SOLDATS } volsques.

La scène est à Rome, dans la maison de Coriolan,
pendant les deux premiers actes; et au camp des
Volsques, devant Rome, pendant les trois derniers.

Les vers précédés *d'un astérisque* ( * ) sont supprimés à
la représentation.

# CORIOLAN,

## TRAGÉDIE.

---

## ACTE PREMIER.

*( Le théâtre représente une salle de la maison de Coriolan. )*

### SCÈNE Ire.

#### CORIOLAN, VOLUMNIUS.

CORIOLAN.

Quoi ! le sénat romain jusque-là me rabaisse !
Au tribunal du peuple il veut que je paraisse !
Un tribun factieux, un vil Sicinius,
De l'aveu du sénat, va juger Marcius !
J'avilirais ainsi mes droits et ma naissance !
Depuis quand les tribuns ont-ils tant de puissance ?
Magistrats plébéiens, du peuple protecteurs,
Se sont-ils crus jamais juges des sénateurs ?
Souffre-t-on qu'aujourd'hui l'orgueil qui les inspire
Sur les patriciens étende leur empire ?
Est-ce aux pères de Rome à trembler devant eux ?
Nul de nous n'a fléchi sous un joug si honteux.
Et le sénat, flattant leur audace impunie,
M'a choisi le premier pour cette ignominie !
C'est ainsi que mon sort a pu l'intéresser !...
Et c'est Volumnius qui vient me l'annoncer !

VOLUMNIUS.

Je gémis comme vous de cet opprobre insigne :

Sénateur, j'en rougis ; ami, je m'en indigne.
Je ressens notre injure, et surtout votre affront ;
Mais à se soulever ce peuple toujours prompt
Nous fait trembler pour Rome : il semble, à sa furie,
Qu'une seconde fois désertant la patrie,
Il soit tout prêt encore à partager l'état,
Ou que, poussant plus loin l'audace et l'attentat,
Dans les derniers excès précipitant sa rage,
Il veuille de nos murs faire un champ de carnage.
Depuis le jour fatal qu'un camp séditieux,
Au mépris du serment, des consuls et des dieux,
Sur le mont Aventin portant l'aigle transfuge,
Voulait entre eux et nous le glaive seul pour juge,
Ce peuple n'a jamais montré tant de fureur :
Pour lui Coriolan est un objet d'horreur ;
Et, s'il ne peut vous perdre, il ne se croit plus libre.

CORIOLAN.

Jour fatal en effet, et la honte du Tibre !
J'ai trop prédit dès lors un sinistre avenir,
Et que de nos bienfaits on saurait nous punir.
J'ai prévu tous nos maux : que n'a-t-on pu m'en croire !
L'ordre patricien n'eût pas flétri sa gloire.
Il voit, il voit trop tard l'orgueilleux tribunat
D'un pouvoir oppresseur effrayer le sénat.
Le peuple seul enfin de l'état est l'arbitre :
Ses flatteurs peuvent tout : point de rang, point de titre,
De services, d'exploits, qu'il ne mette en oubli,
Si devant ses tribuns on ne rampe avili ;
Et quiconque soutient la dignité romaine,
Quoi qu'il fasse pour Rome, est l'objet de leur haine.
Vous en voyez l'exemple : autour de nos remparts,
Le Volsque ose porter ses hardis étendards.
Le moment du péril est celui du courage :
Le mien du nom romain voulait venger l'outrage.
Je crus pouvoir briguer l'honneur du consulat ;
J'en aimais le danger, j'en oubliais l'éclat ;
Je n'y vis qu'un chemin pour chercher la victoire,
Et mon ambition fut l'amour de la gloire.
Peut-être quelques droits autorisaient mes vœux.
J'ai, dès mes premiers ans, rendu mon nom fameux.

## ACTE I, SCÈNE I.

Des remparts d'Antium aux murs de Coriole,
On craignit mes destins et ceux du Capitole;
Et de Coriolan le glorieux surnom
A rehaussé le lustre acquis à ma maison.
Ce Tullus, des Romains adversaire implacable,
De mes heureux exploits rival infatigable,
Trois fois en frémissant a succombé sous moi.
Marcius est du Volsque et l'horreur et l'effroi.
Eh bien! qu'ai-je obtenu? Le refus et l'offense.
Des comices vendus l'aveugle préférence
Sur mes obscurs rivaux a fait tomber leur choix.
Telle est la multitude; et, sans frein et sans lois,
Injuste sans pudeur, et sans remords ingrate,
Elle hait qui la sert, et chérit qui la flatte;
Et, craignant son vengeur, aime mieux aujourd'hui
Fuir sous d'indignes chefs, que de vaincre avec lui.

VOLUMNIUS.

La suite en est cruelle, et Rome est trop punie.
Ses timides consuls, dégradant son génie,
Sont, dans un camp honteux, sous nos murs renfermés.

CORIOLAN.

Et voilà ces Romains à vaincre accoutumés!
Ainsi les factions dont Rome est déchirée,
Arrêtent dans son vol l'aigle déshonorée!
Ah! lorsqu'ils ont suivi Marcius au combat,
Qu'ils menaçaient le Volsque, et non pas le sénat;
Quand, partout le premier aux assauts, aux batailles,
Dépouillant l'ennemi forcé dans ses murailles,
J'abandonnais en proie à mes braves Romains
Tout ce que la victoire avait mis dans mes mains;
Quand, faisant tout pour eux et pour la république,
Je ne me réservais que la palme civique,
Alors tous nos soldats, riches de mes lauriers,
Heureux et triomphans, revoyaient leurs foyers.
Les ingrats!... Et c'est moi que leur fureur opprime,
Qu'ils ont juré de perdre!...Et quel est donc mon
    crime?
Qu'ai-je donc fait enfin? Pour quel forfait si grand
Me donnent-ils les noms d'ennemi, de tyran?

Dans Rome divisée une guerre intestine,
( Digne fruit de leur rage ! ) a produit la famine.
Tandis que le sénat, par un soin paternel,
Occupé d'écarter un fléau si cruel,
Promet à leurs besoins les moissons de Sicile,
Ces insensés, jouets d'un mensonge imbécille,
Sur la foi des tribuns, osent nous accuser
D'affamer les Romains pour les tyranniser.
Je l'avoue, irrité d'une atroce imposture,
Je leur ai reproché leurs terres sans culture,
Leurs champs abandonnés, leurs travaux suspendus,
Pour venir, des tribuns esclaves assidus,
De la sédition trop fidèles ministres,
Applaudir à grands cris leurs harangues sinistres ;
Et que, de la discorde auteurs accoutumés,
Ils recueillaient les maux qu'eux seuls avaient semés.
Voilà mes attentats, et Rome est offensée
Que l'on ose au sénat expliquer sa pensée !
Je suis un monstre affreux qu'elle doit détester,
Que du roc Tarpéien il faut précipiter !
À prononcer ma mort Sicinius l'excite !
D'un magistrat du peuple un impur satellite
A sur un sénateur osé porter la main !
Un tribun ose plus que n'eût osé Tarquin !
Ah ! cette injure amère, à regret dévorée,
Ne sortira jamais de mon ame ulcérée.
Et le sénat, grands dieux ! a donc pu la souffrir ?

VOLUMNIUS.

Vous avez vu du moins, prompts à vous secourir,
Tous nos patriciens, nos dignes consulaires,
Arrêter le torrent des fureurs populaires ;
A cette foule aveugle, à sa férocité,
Opposer d'un sénat toute la majesté.
Le peuple en a rougi ; mais c'est ce même zèle
Qui rend encor pour vous sa haine plus cruelle.
Plus vous nous êtes cher, plus il veut nous ôter
Ce grand appui qu'en vous on lui fait redouter.
Votre cause est la nôtre.

CORIOLAN.

Et ce sénat, qui m'aime,

A mes persécuteurs m'abandonne lui-même !
Il me livre aux tribuns, que j'ai bravés pour lui !

VOLUMNIUS.

Il veut sauver l'état : il pense qu'aujourd'hui
Vous pouvez faire à Rome un noble sacrifice.
Peut être, satisfait que ce grand cœur fléchisse,
Le peuple, s'il vous voit soumis à son pouvoir,
Peut en votre faveur se laisser émouvoir.
C'est l'espoir du sénat, c'est le mien : je me flatte
Que Rome jusqu'au bout ne sera point ingrate.
Peut-être à votre aspect, de remords combattu,
Ce peuple rougira de punir la vertu.

CORIOLAN.

J'ai cru que le sénat prendrait mieux ma défense ;
Sa prudence timide et l'égare et m'offense.
Nos droits, nos intérêts, nos périls sont communs ;
Et quand il cède ainsi leur victime aux tribuns,
Lui-même de son rang il trahit la noblesse ,
Et joint l'ingratitude ensemble à la faiblesse.
Jamais Coriolan ne peut être assez bas
Pour accorder au peuple un pouvoir qu'il n'a pas.
Qu'à son gré, s'il le faut, une foule inhumaine
Dans mon sang répandu vienne éteindre sa haine.
Je l'attends : je mourrai , mais sans m'être abaissé.

VOLUMNIUS.

C'est donc là votre arrêt?

CORIOLAN.

L'honneur l'a prononcé.

VOLUMNIUS.

Non , vous écouterez l'amitié , la patrie.
Vous ne permettrez pas...

# SCÈNE II.

### VÉTURIE, CORIOLAN, VOLUMNIUS.

#### VOLUMNIUS.

J'APERÇOIS Véturie.
Une mère sur vous aura plus de pouvoir.
            (*A Véturie.*)
Vous savez nos dangers, nos malheurs, notre espoir.
La voix de son ami n'a pu rien sur son ame.
Ah ! joignez-y la vôtre ; et moi, je vais, madame,
Attendant qu'au sénat il veuille déférer,
Préparer le secours qu'il en doit espérer.
                        (*Il sort.*)

# SCÈNE III.

### VÉTURIE, CORIOLAN.

#### CORIOLAN.

CROIT-IL que, de son sang démentant la noblesse,
Véturie à son fils ordonne une bassesse ?
Il vous connaît bien mal, s'il ose s'en flatter.

#### VÉTURIE.

Oui, votre honneur m'est cher, vous n'en pouvez douter.
Véturie à vos jours préfère votre gloire.
Mon fils, après ce mot, daignerez-vous m'en croire ?

#### CORIOLAN.

Ah! ce cœur est à vous, vous l'avez su former.
Chaque jour, chaque instant m'apprend à vous aimer.
De tous vos droits sur moi vous devez être sûre,
Et la reconnaissance ajoute à la nature.
Vous le savez : depuis qu'enlevés au berceau
Mes deux fils ont suivi mon épouse au tombeau,
Ma tendresse sur vous s'attacha tout entière,
Et le ciel à mon cœur n'a laissé qu'une mère.
Ce n'est qu'en votre sein que je puis m'épancher.
Cet ami, dont les soins ont droit de me toucher,

Ne sait point tous les maux dont je ressens l'atteinte :
Il a vu mon courroux ; vous, recevez ma plainte.
Entendez mes douleurs, et voyez tous les coups
Dont je ne rougis pas de gémir devant vous.
Les ai-je mérités? ai-je dû les attendre ?
J'ai servi les Romains dès l'âge le plus tendre.
Fier d'être né dans Rome, et de vivre pour eux,
En leur donnant mon sang je me croyais heureux.
Ces destins immortels promis au Capitole
De la grandeur romaine avaient fait mon idole.
Je brûlais de hâter les promesses des cieux,
Et chaque citoyen me semblait précieux.
Combien ont dû la vie à cet ardent courage!
Combien sauvés par moi dans l'horreur du carnage!
Tout le prix de ma gloire en leurs mains fut laissé;
Et, quand ils étaient grands, j'étais récompensé.
A cette erreur si chère il faut que je renonce !
Je suis leur ennemi : leur fureur me l'annonce !
Et le peuple romain, à me perdre occupé,
M'arrache un sentiment qui m'a long-temps trompé.
On oppose au destin un courage invincible :
C'est la main des ingrats qui blesse un cœur sensible ;
Et des maux qu'ils m'ont faits c'est le plus douloureux,
De perdre tout l'amour que j'ai senti pour eux.

VÉTURIE.

Haïr votre pays ! Eh quoi! ce titre auguste ....

CORIOLAN.

Il mérite ma haine alors qu'il est injuste.

VÉTURIE.

Si je l'étais, mon fils, pourriez-vous me haïr?

CORIOLAN.

O ciel ! que dites-vous ? Moi, je pourrais trahir
Ces sentimens si doux et cette amour si chère !...

VÉTURIE.

Ainsi Rome aujourd'hui n'est donc plus votre mère ?

CORIOLAN.

Me traite-t-elle en fils lorsqu'un Sicinius,

Au mépris de mon rang . . . .

VÉTURIE.

Écoutez, Marcius ;
Mes leçons ont instruit votre jeune courage,
Et j'ai souvent joui de mon heureux ouvrage.
Vos exploits, vos vertus, tous ces présens du ciel,
Ont répandu la joie en ce cœur maternel.
Vous êtes généreux : la gloire vous enflamme ;
Mais la fierté souvent égare une grande ame.
Soutien de l'héroïsme, elle en devient l'écueil.
Du sang patricien je connais tout l'orgueil,
Leur joug impérieux, leurs superbes maximes.
Le peuple, comme vous, a ses droits légitimes.
Sans doute je suis loin d'en approuver l'abus,
Ni les emportemens de ses chefs corrompus.
Je les ai déplorés ; mais, s'il ne faut rien taire,
Le sénat n'a-t-il point de reproche à se faire ?
Ses hauteurs, ses dédains, n'ont-ils pas trop aigri
Un peuple libre et fier, dans la guerre nourri ?
Les riches, abusant d'une loi trop sévère,
N'ont-il pas quelquefois accablé sa misère ?

CORIOLAN.

Je n'ai pas à rougir de tant de dureté.
L'indigent débiteur éprouva ma bonté.
J'ai du pauvre cent fois relevé la faiblesse.

VÉTURIE.

Oui ; mais, trop prévenu des droits de la noblesse,
Vous suivez d'Appius les principes altiers,
Et vous dédaignez trop un peuple de guerriers
Qu'enorgueillit encor sa liberté récente.
Ici, depuis vingt ans, en sa forme naissante,
A peine s'affermit l'état républicain,
Et votre enfance a vu le règne de Tarquin.
De ce bonheur nouveau l'ivresse est orageuse.
La liberté, mon fils, est farouche, ombrageuse,
Craint jusqu'à la grandeur qui peut la menacer :
Devant des citoyens elle doit s'abaisser,
De leur égalité respecter l'équilibre :
Vous payez de ce prix la gloire d'être libre :

Et ce grand intérêt exige qu'un héros
Contre son ascendant rassure ses égaux ;
Que la vertu dans lui se montre populaire :
C'est peu de les servir ; il faut encor leur plaire.

CORIOLAN.

Non ; s'il faut les flatter, je ne leur plairai pas.
Citoyens dans nos murs, hors de Rome soldats,
Que de l'état en nous ils respectent les pères,
Et Rome jouira de ses destins prospères.
S'ils veulent tout régir, ils vont tout entraîner.
Eh ! le peuple est-il fait pour savoir gouverner ?
N'est-il pas au pouvoir du fourbe qui l'obsède ?
Tout est perdu pour nous, si le sénat lui cède.

VÉTURIE.

Il cède avec sagesse ; et peut-on l'en blâmer ?
Vous irritez ce peuple : il faut le désarmer.

CORIOLAN.

Quoi donc ! à ses arrêts ma dignité soumise....

VÉTURIE.

Un décret du sénat à juger l'autorise.

CORIOLAN.

Et sur quoi me juger ? suis-je donc criminel ?

VÉTURIE.

Non, vous ne l'êtes pas : j'en rends graces au ciel.
Si vous l'étiez, mon fils, me verriez-vous tranquille ?
Je dirais : Marcius, va chercher quelque asile
Où tu sois inconnu : n'attends pas que la loi,
En flétrissant ton nom, me frappe ainsi que toi.
Vous êtes innocent : je suis en assurance.
Descendez pour le peuple à quelque déférence.
Ne nous exposez pas au plus affreux des maux.
Faut-il que de l'état les deux ordres rivaux
Pour vous seul, ô mon fils ! embrasent cette ville ?
Serez-vous le flambeau de la guerre civile ?
N'est-ce donc pas assez de craindre l'étranger ?
Le Volsque est sous nos murs ; et, loin de nous venger,
Nos consuls devant lui cachent l'aigle indignée.
Ah ! que Rome en péril soit par vous épargnée !

Voulez-vous jusqu'au bout braver avec éclat
L'autorité du peuple et celle du sénat?

CORIOLAN.

Je me rends seulement à celle de ma mère.
Je me soumets pour vous à cette honte amère.
Un fils, à tous vos vœux instruit à consentir,
Ne commencera pas à vous désobéir.
Sans doute de mon sort le peuple n'est pas maître :
N'importe : devant lui je suis prêt à paraître.
Coriolan, grands dieux! devant Sicinius!...
Allons, vous le voulez, je n'y résiste plus.
Mais, dans l'abaissement où je puis me contraindre,
Je ne saurais du moins les prier ni les craindre,
Ni prendre devant eux ces soins humilians
D'obscurcir mes habits du deuil des supplians.
Ils verront si je puis trembler en leur présence.

VÉTURIE.

La fermeté modeste honore l'innocence.
Ne les implorez point, et ne les bravez pas.

## SCÈNE IV.

### VOLUMNIUS, VÉTURIE, CORIOLAN,

SÉNATEURS.

VÉTURIE.

Mais quel concours nombreux....

VOLUMNIUS.

Marcius, sur mes pas,

Le sénat rassemblé, résolu de vous suivre,
Partage les périls où la haine vous livre.
Venez donc, aux regards de ce peuple étonné,
De tous ces grands appuis paraître environné.
A vous, à Véturie, il doit ce privilége.
Quel accusé jamais eut un plus beau cortége?

CORIOLAN.

Coriolan, sensible à ce généreux soin,
Si vous l'en aviez cru, n'en aurait pas besoin.

Grace à vous, Marcius et le sénat lui-même
Attendront des tribuns la sentence suprême.
Quel triomphe pour eux ! quel opprobre pour nous !
Et cet exemple un jour peut retomber sur vous.
Du moins en sénateur je saurai me défendre.
Avant de me juger, les Romains vont m'entendre,
Et voir Coriolan braver le tribunat,
Du front dont ils m'ont vu les mener au combat.
Marchons.
(*Il sort accompagné de Volumnius et des sénateurs.*)

## SCÈNE V.

### VÉTURIE, *seule.*

Puisse ce jour ne pas apprendre à Rome
Tout ce que peut coûter la perte d'un grand homme !

FIN DU PREMIER ACTE.

---

# ACTE II.

## SCÈNE Ire.

### VÉTURIE, *seule.*

Ah ! que de ces momens l'importune longueur
Redouble les chagrins qui déchirent mon cœur !
Romaine, je m'armais d'un courage sévère :
Hélas ! à mes terreurs je sens que je suis mère.
Quel état ! quel tourment de trembler pour un fils !
Et quel fils ! un guerrier, l'honneur de son pays,
Aux ennemis terrible, aux Romains si fidèle,
Marcius !... De nos mœurs austérité cruelle !
Si dans un tel danger je pouvais aujourd'hui
A ses accusateurs me montrer avec lui,
Étonner l'injustice, intimider l'envie,

Faire parler sa gloire, en racontant sa vie!...
D'une oreille jalouse on entend un heros
Que l'on force au récit de ses propres travaux.
Le cri de la nature et celui de la gloire,
Plus puissans dans ma bouche, obtiendraient la victoire.
Mais que servent pour lui ces transports superflus ?
Déjà peut-être...

## SCÈNE II.

### VÉTURIE, VOLUMNIUS.

VÉTURIE.

On vient. Eh bien, Volumnius ?

VOLUMNIUS.

Rappelez votre force, et soyez Véturie.

VÉTURIE.

Je le suis... achevez.

VOLUMNIUS.

C'en est fait : la patrie
Perd ce grand citoyen si mal récompensé,
Madame, et son exil est enfin prononcé.

VÉTURIE.

Quelle honte pour nous ! quel coup pour une mère !
Quoi ! de ses ennemis l'imposture grossière
A prévalu dans Rome ! et l'arrêt qu'elle rend...

VOLUMNIUS.

Coriolan jamais ne s'est montré plus grand.
Un spectacle si rare, une cause si chère,
Avaient dans le forum assemblé Rome entière.
A peine il a paru, du sénat entouré,
Tranquille, et présentant sur un front assuré
Ce calme noble et fier qui sied à l'innocence,
Le silence a régné dans cette foule immense.
Tous les yeux l'observaient, attachés et surpris;
L'attente suspendait les voix et les esprits.
Sicinius se lève ; et sa rage impunie,
Organe du mensonge et de la calomnie,

Reproche à Marcius le projet odieux
D'opprimer les Romains et de régner sur eux ;
Sa haine pour le peuple, et l'amitié fidèle
Du sénat toujours prêt à prendre sa querelle ;
Et ses cliens nombreux, assidus sur ses pas ;
Et jusqu'à ses bienfaits prodigués aux soldats.
Marcius, pour réponse, attestant ses services,
De son sein découvert montre les cicatrices,
Ces couronnes, le prix de cent périls bravés,
De tant de citoyens dans les combats sauvés ;
Lui-même par leur nom les cite, les appelle.
Un cri s'élève alors : tous, pleins du même zèle,
Tous, d'un même transport, réunissant leurs voix :
« Le voilà, criaient-ils, nous l'avons vu cent fois
« Qui prodiguait pour nous sa vie et sa vaillance ;
« Et vous lui reprochez notre reconnaissance !
« Tout est à lui, nos jours, nos familles, nos biens ;
« Et nous vous les offrons, s'il faut sauver les siens. »
Ils pleuraient à ces mots, et leurs plaintes touchantes,
Leurs bras qu'ils étendaient, et leurs mains suppliantes,
Tout semblait émouvoir le peuple combattu :
J'ai cru voir un moment triompher la vertu ;
Et si de votre fils l'ame eût été moins fière,
S'il avait pu du moins descendre à la prière,
Sur tous ses ennemis il l'aurait emporté.
Je ne puis cependant blâmer sa fermeté :
Rarement à prier un grand cœur se résigne ;
Le coupable supplie, et l'innocent s'indigne.
Le vulgaire séduit, de ses tribuns fauteur,
Orgueilleux de se voir jugé d'un sénateur,
A voulu signaler ses tristes avantages ;
La faiblesse et la haine ont dicté les suffrages.
Marcius immobile, écoutant son arrêt,
Paraissait insensible à son propre intérêt.
Sans proférer un mot il quitte l'assemblée ;
Et lorsqu'autour de lui l'amitié désolée
Gémit du coup affreux sur nous appesanti,
On dirait que lui seul ne l'a pas ressenti.

VÉTURIE.

Je n'en ressens que trop l'atteinte douloureuse.

Eh ! quelle mère, hélas ! se croyait plus heureuse ?
Par tout ce que mon cœur en avait attendu,
Concevez, s'il se peut, tout ce que j'ai perdu.
Tant d'amour, de respect, un dévoûment si tendre ;
Cet éclat que sur moi lui seul pouvait répandre ;
Et ce plaisir si pur, pour moi d'un si grand prix,
D'enorgueillir mon cœur de la gloire d'un fils ;
Tout ce que sa tendresse avait pour moi de charmes,
Tout est évanoui !... Pardonnez à mes larmes.
Je ne les cache point dans un si grand malheur ;
Des yeux de l'amitié vous voyez ma douleur.
De ce cœur maternel vous sentez la blessure ;
Eh ! qui peut condamner les pleurs de la nature ?

VOLUMNIUS.

Ah ! madame, avec vous Rome devrait pleurer.
Jusqu'où sa haine aveugle a donc pu l'égarer ?
Quand le Volsque du Tibre a couvert le rivage,
Oubliant son danger pour écouter sa rage,
Rome perd son soutien : elle-même aujourd'hui
Se prive du héros qui faisait son appui.

VÉTURIE.

O mon cher Marcius ! ô mon fils ! ô grand homme,
Qu'avec tant de plaisir j'avais formé pour Rome !
Je ne le verrai plus m'apporter ses lauriers ;
Ses couronnes orner nos temples, nos foyers ;
Et dans ces jours si beaux, si chers à la patrie,
Les mères envier le sort de Véturie !...
Marcius vit encore, et je n'ai plus de fils !

# SCÈNE III.

## VÉTURIE, CORIOLAN, VOLUMNIUS.

VOLUMNIUS.

Il vient.

VÉTURIE.

Coriolan ! tes cruels ennemis
De nos malheurs communs ont consommé l'ouvrage.

C'en est fait, l'innocence est proscrite ; et leur rage
Déchire, en te frappant, ce cœur trop malheureux,
Lorsque ta mère, hélas ! t'envoyait devant eux,
Elle n'a pu penser qu'avec tant d'injustice
Jamais...

CORIOLAN.

Sicinius demandait mon supplice !
S'il eût fallu l'en croire, on m'aurait condamné
A ce trépas infame aux traîtres destiné.
L'indulgence de Rome adoucit ma sentence...
Je suis banni.

VÉTURIE.

Qui ? toi ! leur appui, leur défense !...

VOLUMNIUS.

Toi , que tant de travaux qu'on t'a vu soutenir !...

CORIOLAN.

Oui , c'est là mon seul crime... ils ont dû m'en punir.

VÉTURIE.

De mes-soins , de ton sang, voilà donc le salaire !

CORIOLAN.

Du moins jusques au bout j'aurai pu vous complaire.
Vous avez exigé qu'à ce peuple soumis,
Coriolan parût devant ses ennemis ;
Et je vous ai donné , lui rendant cet hommage,
De mon obéissance un dernier témoignage.

VÉTURIE.

Ah! c'est un souvenir qui sert à m'accabler.
Qui...

CORIOLAN.

Ce n'est pas à moi d'oser vous consoler.
Il ne me siérait pas d'apprendre à Véturie,
A cette ame intrépide et de vertus nourrie,
Comme on cède au destin sans mériter ses coups :
C'est une des leçons que je reçus de vous.
D'une Romaine ici la force doit paraître.

VÉTURIE.

Ah! je ne suis que mère...

CORIOLAN.

           Il n'est plus temps de l'être.
Vous n'avez plus de fils.

VÉTURIE.

Moi !

CORIOLAN.

        Rome l'a voulu :
Rome n'a-t-elle pas un pouvoir absolu ?

VÉTURIE.

Et peut-elle effacer ce sacré caractère ?
Mon fils !...

CORIOLAN.

      C'est d'un Romain que vous étiez la mère !..
Je ne suis plus Romain.

VÉTURIE.

      Qui ! toi, Marcius ?

CORIOLAN.

            Non.
Ce jour d'un citoyen m'ôte les droits, le nom,
Tout... je suis un banni.

VOLUMNIUS.

       Ce peuple, en sa furie,
Ignore quelle atteinte il porte à la patrie.
Entouré d'ennemis qui viennent l'assiéger...

CORIOLAN.

N'a-t-il pas ses tribuns tout prêts à le venger ?
Avec Sicinius est-il rien qu'il redoute ?

VOLUMNIUS.

Le temps doit l'éclairer : un jour viendra, sans doute,
Que ses justes remords...

CORIOLAN.

       Qu'il s'épargne ce soin :
Je ne les attends pas, et n'en ai pas besoin.

VÉTURIE.

Quels sont les lieux, hélas ! où ton malheur t'exile ?

CORIOLAN.

Eh ! qu'importe aux Romains quel sera mon asile ?
Ne sont-ils pas contens si je sois de leurs murs ?

VÉTURIE.

Tout asile est égal à des destins obscurs.
Mais toi, si renommé par l'éclat de tes armes,
Ce grand nom qui te suit ajoute à mes alarmes.
Parle : as-tu fait le choix d'un refuge assuré ?...
Tu ne me réponds rien ?...

CORIOLAN.

            Peut-être je pourrai
Trouver quelque demeure ouverte à l'infortune ,
Où la vertu du moins ne soit pas importune.
Je m'en remets aux dieux qui conduiront mes pas.
Vous , si vous m'en croyez , ne vous informez pas
Du sort d'un exilé qui n'a plus de patrie...
Je recommande au ciel les jours de Véturie.
Mon ami... Vous , ma mère... oubliez-moi tous deux
Et de Coriolan recevez les adieux.

VÉTURIE.

Quoi ! malgré la rigueur de cet arrêt funeste ,
Ne peux-tu....

CORIOLAN.

        De ce jour on m'a donné le reste...
Qu'importe un vain délai pour le sort qui m'attend ?
Je dois sortir de Rome , et j'en sors à l'instant.

VÉTURIE.

Sans suite , sans secours , sans ressource certaine !...

CORIOLAN.

Non , je ne veux de Rome emporter que sa haine :
Sa haine me suffit.

VÉTURIE.

        Qu'au moins jusqu'aux remparts
J'accompagne tes pas ; que mes derniers regards...

CORIOLAN.

Ah ! demeurez : songez qu'une foule égarée
D'un triomphe odieux est encore enivrée.

Pensez-vous qu'aujourd'hui leur insolent orgueil
Épargne Véturie, et respecte son deuil?
Voulez-vous, dans l'ivresse où ce peuple est en proie,
Exposer vos douleurs en spectacle à sa joie?
C'est trop.... Adieu, ma mère... Adieu, Volumnius...
Adieu, Rome.... je pars

## SCÈNE IV.

### VÉTURIE, VOLUMNIUS.

VÉTURIE.

Il ne m'écoute plus.
Il nous échappe... Il laisse en cette ame tremblante,
Du plus sinistre adieu l'horreur et l'épouvante.
Venez, Volumnius, venez, suivez mes pas.
Jusqu'au dernier moment ne l'abandonnons pas.

FIN DU SECOND ACTE.

# ACTE III.

*(Le théâtre représente le camp des Volsques. La tente de Tullus, ouverte sur un des côtés, occupe une partie de la scène. Au fond du théâtre s'élève, sur un autel, la statue d'une des divinités du peuple volsque. On découvre dans l'éloignement les murs de Rome.)*

## SCÈNE I<sup>re</sup>.

AUFIDE ET PROCULE, *hors de la tente, et sur devant de la scène;* CORIOLAN, *sous un ha plébéien, debout, près de l'autel.*

PROCULE.

Quel est cet étranger ? que cherche-t-il, Aufide ?
Quel est dans notre camp le dessein qui le guide ?
Il est sombre, immobile ; il se tait : son aspect,
Sous un vêtement simple, imprime le respect.
Son maintien m'a frappé. Que veut-il ?

AUFIDE.

Je l'ignore.
On l'amène à l'instant : il n'a point dit encore
Son nom, ni son pays : avec sécurité,
Aux limites du camp il s'était présenté.
Il demandait Tullus : ce n'est qu'en sa présence,
Devant lui seul, dit-il, qu'il rompra la silence.
Je l'ai fait introduire en l'observant toujours.
Il a quelque raison de craindre pour ses jours.
Dès qu'il a vu le dieu qui reçoit notre hommage,
Il s'est venu placer auprès de son image,
Comme s'il eût voulu qu'un abri respecté
Rendît plus saints les droits de l'hospitalité.
Sans doute son dessein ne peut-être vulgaire ;
Et même, dans ce temps de péril et de guerre,
Il peut...

## SCÈNE II.

### AUFIDE, PROCULE, TULLUS, CORIOLAN.

AUFIDE.

Voici Tullus : tout va se dévoiler.

TULLUS.

C'est là cet inconnu qui prétend me parler !...
(*A Coriolan.*)
Quel es-tu ? Près de moi qui t'oblige à te rendre ?

CORIOLAN.

Ce n'est qu'au seul Tullus que je pourrai l'apprendre.

TULLUS, *à Procule et à Aufide.*

Laissez-nous.

(*Procule et Aufide sortent.*)

## SCÈNE III.

### TULLUS, CORIOLAN.

CORIOLAN.

Un seul mot te fera concevoir
Quel destin aujourd'hui je mets en ton pouvoir.
Je suis Coriolan.

TULLUS.

Coriolan !

CORIOLAN.

Lui-même.
Seul bien que m'ait laissé mon infortune extrême,
Ce nom, le plus beau don que m'avait fait le sort,
Ce nom seul, je le sais, est l'arrêt de ma mort.
Mais serais-je en ces lieux, si j'avais pu la craindre ?
A supporter le jour si j'ai pu me contraindre,
C'est dans le seul espoir de venger mes douleurs,
Et de faire aux Romains expier mes malheurs.
Les Romains m'ont banni ; le sénat, en silence,
A laissé des tribuns triompher l'insolence.

Je suis persécuté par de vils ennemis ;
Je suis abandonné par de lâches amis.
Je t'offre contre Rome et ma main et ma haine.
A ton pays, à toi, ma vengeance m'enchaîne.
Si tu le veux, ce bras, aux Volsques si fatal,
Leur fera plus de bien qu'il ne leur fit de mal.
Si tu crois Marcius aux Volsques inutile,
Ne considère point les dieux ni cet asile.
Frappe : j'ai trop vécu.

TULLUS.

        Dans ce grand changement,
A peine revenu d'un long étonnement,
Je me rends, avant tout, à l'honneur qui m'engage,
Et de ta sûreté te présente le gage.
Touche dans cette main, approche, et ne crains plus ;
Tes jours sont désormais confiés à Tullus.
Je suis fier d'un dépôt si grand, si respectable.
O brave Marcius ! du malheur qui t'accable
Que ton cœur près de moi ne soit plus occupé ;
Tu m'as cru généreux : tu ne t'es pas trompé.
Conçois quelle surprise en mon ame a dû naître.
Juge, sous cet habit, si j'ai pu reconnaître
Un guerrier que souvent, au mépris du danger,
Dans l'horreur des combats j'osais envisager.
Je te rappelle ici ma défaite et ta gloire :
Coriolan sur moi remporta la victoire.
Lui-même il m'en console et me venge aujourd'hui ;
Et, s'il fut mon vainqueur, je deviens son appui.
C'est le jour de Tullus : c'est le seul avantage
Que le sort me gardait sur un si grand courage,
Le seul que désormais on ne peut me ravir :
Je n'avais pu te vaincre, et pourrai te servir.
Mais comment des Romains l'injuste violence
A-t-elle à cet exil condamné ta vaillance ?
Quel dieu, propice au Volsque, a pu les aveugler ?

CORIOLAN.

Laissons là mes affronts : je souffre d'en parler.
Puis-je, dans les transports où la fureur m'entraîne,
Perdre en de vains récits un temps cher à ma haine,

Gémir encor des maux qu'il me faut supporter ?
Non , il faut les venger, et non les raconter.
Qu'il te suffise enfin que ce peuple, en sa rage,
A payé Marcius par l'exil et l'outrage ;
Que les Romains m'ont tous proscrit, déshonoré ;
Que mon cœur est contre eux sans retour ulcéré ;
Que leur perte est le vœu conçu dans ma colère ;
Que l'ennemi de Rome est mon ami , mon frère.
Oui c'est ce titre seul, je ne le cèle pas,
Qui d'abord dans ce camp guida vers toi mes pas.
Des peuples à qui Rome a paru redoutable,
Le Volsque est le plus fier et le plus implacable.
Dans ses ressentimens plus qu'eux tous affermi ,
Tullus est des Romains le plus grand ennemi.
J'ai préféré Tullus ; et s'il était un homme
Qu'un plus ardent courroux animât contre Rome,
Plus fait pour la combattre et pour la renverser,
C'est à lui que ma haine eût voulu s'adresser.

TULLUS.

Ah ! puisque, s'emportant à cet excès d'outrage,
Rome a contre elle-même armé ce grand courage,
Les dieux , qui trop long-temps ont servi son orgueil ,
De son ambition marquent enfin l'écueil.
Qu'elle tremble! le sort ne nous est plus contraire.
Marcius est pour nous : je sais ce qu'il peut faire.
Le Volsque, en ses desseins par toi seul confondu,
Retrouve dans toi seul plus qu'il n'avait perdu.
A mes concitoyens j'en vais porter la joie.
Qu'ils sachent quel secours le destin leur envoie.
Quoique leur général, et nommé par leur choix,
Du conseil assemblé je dois prendre les voix.
Je dois en leur pouvoir moi-même te remettre ;
Mais compte sur l'appui que j'ose t'en promettre.
Je vais à tous nos chefs, appelés en ces lieux,
Montrer Coriolan comme un présent des cieux ;
Et tu les verras tous, d'un transport unanime,
Faire éclater pour toi le zèle qui m'anime.
Demeure , et de mes soins attends l'heureux effet.

( Il sort. )

## SCÈNE IV.

### CORIOLAN, *seul.*

RESPIRE, Marcius : que ton cœur satisfait
S'ouvre au prochain espoir d'une juste vengeance.
Mes oppresseurs, si fiers de punir l'innocence,
Pensent de mes affronts triompher à loisir ;
Ils n'auront pas long-temps à goûter ce plaisir.
A leur ivresse aveugle ils sont encore en proie ;
Mais le deuil va bientôt se mêler à leur joie.
Ce jour, que signalait leur triomphe inhumain,
Va voir Coriolan la foudre dans la main :
Quelques instans encore, elle part, elle éclate,
Et je vais de son crime accabler Rome ingrate.
Ils l'ont voulu... mon cœur ne hait pas à demi.
Autant qu'ils le voulaient, je suis leur ennemi.
Je le suis... Ils verront ce que peut mon courage,
S'il sait et ressentir et repousser l'outrage ;
Et, quoi qu'il leur en coûte, ils l'auront mérité.

## SCÈNE V.

### CORIOLAN, TULLUS, CHEFS VOLSQUES.

#### TULLUS.

OUI, Volsques, le voilà ce Romain si vanté,
Dont vous avez long-temps redouté le génie ;
De ses concitoyens il fuit la tyrannie.
Banni de sa patrie, il la retrouve en nous :
Vous lui tendez les bras, et le sien est à vous.
De tous vos sentimens près de lui l'interprète,
J'en étais le garant, et ma voix lui répète,
Au nom de cet état, qu'il rendra triomphant,
Qu'Antium aujourd'hui l'adopte pour enfant :
Que puisse, Marcius, ta nouvelle patrie,
Par ton bras illustrée, et de ton cœur chérie,
Réparer tous les maux que t'ont faits les Romains,
Et payer les secours qu'elle attend de tes mains !

CORIOLAN.

Guerriers, qu'un tel accueil me ranime et m'enflamme !
En venant parmi vous, je portais dans mon ame
Le poids de mes affronts, l'injure et le malheur ;
Il tombe le fardeau qui pesait sur mon cœur.
Ce cœur, plein d'un courroux que votre aspect rallume,
Tout prêt à l'assouvir, n'en sent plus l'amertume.
Vous vengerez mes maux, vous armerez ces mains,
Et je suis entouré d'ennemis des Romains.
Vous savez si pour eux j'ai prodigué ma vie,
Et vous n'exigez pas que je m'en justifie.
Marcius, dont les jours sont en votre pouvoir,
Ne s'excusera point d'avoir fait son devoir.
Je servais le pays qui m'a donné naissance,
Et je vous appartiens par la reconnaissance.
Aujourd'hui de son sein Rome m'a rejeté ;
Je ne lui dois plus rien : vous m'avez adopté ;
Je vous dois tout : autant j'ai signalé de zèle
Quand l'honneur m'ordonnait de combattre pour elle ,
Autant vous me verrez de courage et d'ardeur
Pour payer des bienfaits dont je sens la grandeur.
Je jure par vos dieux , je jure par ma haine,
D'être à jamais fidèle au nœud qui nous enchaîne ;
De combattre avec vous ce peuple impérieux,
Toujours de ses voisins tyran injurieux,
De ses citoyens même oppresseur arbitraire.
A nos efforts unis qui pourrait le soustraire ?
La discorde en son sein , l'ennemi sous ses murs ;
Des généraux sans gloire , et dont les noms obscurs
Du consulat romain souillent la renommée,
Oisifs , et dans un camp renfermant leur armée.
Marchons , braves amis , et nous sommes vainqueurs.
Je ne demande point un rang ni des honneurs :
Combattre est mon seul vœu, me venger est ma gloire ;
Et tout soldat est grand dans un jour de victoire.

TULLUS.

Quoi ! Marcius voudrait....

CORIOLAN.

         Les armes d'un soldat,

Un glaive en cette main, le signal du combat;
C'est tout ce que je veux.

TULLUS.

On te doit davantage.
J'ennoblis le pouvoir qu'avec toi je partage.
Crois-tu n'être pour nous rien qu'un guerrier de plus?
Désormais dans ce camp sois l'égal de Tullus.
Aujourd'hui que ta cause à la nôtre est unie,
Autant que ta valeur tu nous dois ton génie;
Et ne crains point de moi de sentimens jaloux :
L'intérêt le plus grand, le plus sacré pour nous,
C'est celui d'abaisser Rome, qui nous déteste.
Voyons qui de nous deux lui sera plus funeste;
C'est tout ce que Tullus te prétend disputer.
Plût au ciel que déjà....

CORIOLAN.

Qui peut nous arrêter?

TULLUS.

L'ennemi dans son camp se borne à se défendre :
Il craint de nous combattre.

CORIOLAN.

Et pourquoi donc l'attendre?
Vous voyez sa frayeur : sachez en profiter.
Sur les remparts d'un camp n'oseriez-vous monter?
Est-il à la valeur un mur inaccessible?
A l'honneur qu'on lui fait Coriolan sensible,
A la victoire, amis, brûle de vous guider.
Quand l'ennemi nous craint, il faut tout hasarder.
Le Romain dans ses chefs a peu de confiance;
Il se croira vaincu, s'il voit votre assurance.
Saisissez ce moment.

TULLUS.

Eh bien! je t'en croirai.
J'embrasse cet avis par les dieux inspiré.
Commande la moitié de nos braves cohortes,
Et du camp des Romains allons briser les portes.
De ta bouillante ardeur je me sens animer.

11

#### CORIOLAN.

Venez. Puisse la main que vous allez armer,
Versant des flots de sang, de ce sang que j'abhorre,
Éteindre dans mon cœur la soif qui le dévore !
Les dieux, les justes dieux vont conduire mon bras ;
C'est leur voix qui m'anime à frapper des ingrats.
Que ces fiers ennemis, dont la chute s'apprête,
Sentent que Marcius combat à votre tête ;
Et que, sur leur ruine élevant mes destins,
Le jour de mon exil soit fatal aux Romains.

FIN DU TROISIÈME ACTE.

# ACTE IV.

## SCÉNE I<sup>re</sup>.

### AUFIDE, TULLUS.

#### TULLUS.

Non, ce n'est point, ami, sa gloire qui m'outrage.
Qu'il nous ait bien servis, que son ardent courage
Ait signalé pour nous les plus hardis efforts ;
Que, le premier, marchant sur des monceaux de morts,
Et des mains d'un tribun arrachant l'aigle altière,
Il ait du camp romain renversé la barrière,
Moi-même j'applaudis à de si nobles coups :
J'aime trop la valeur pour en être jaloux.
Mais moi, qui de l'honneur lui viens d'ouvrir la route,
Ai-je donc mérité les affronts qu'il me coûte ?
Quoi ! sa fougue imprudente, au sortir d'un combat,
Où la victoire même épuise le soldat,
S'enivrant d'un espoir qui n'a pu me séduire,
A l'attaque de Rome a voulu nous conduire ;
Et lorsque je m'oppose à ce bouillant orgueil,

Qui du plus beau triomphe allait être l'écueil,
J'entends crier partout : « Suivons tous ce grand homme ;
« Suivons Coriolan : seul il peut prendre Rome ! »
Et mes propres soldats, et mes concitoyens ,
Désertent mes drapeaux pour courir sous les siens !
Lui-même, encourageant la désobéissance,
Enseigne à mon armée à braver ma puissance ;
Écoute, en frémissant, mes ordres absolus,
Et ne cède qu'à peine au pouvoir de Tullus !
Ai-je pu dévorer un si cruel outrage ?

AUFIDE.

Les succès de ce jour ont paru son ouvrage ;
Et lorsqu'il poursuivait, au pied de leurs remparts ,
Les Romains devant nous fuyant de toutes parts ,
Pardonnez ; mais on croit qu'offensé de sa gloire,
Vous avez refusé d'achever la victoire.

TULLUS.

De cet opprobre insigne on a pu me charger !
On connaîtra Tullus, qu'on ose ainsi juger.
Je reçois de mes soins un indigne salaire.
Ce superbe banni, que ma main tutélaire
A sauvé des dangers qui suivent les proscrits ,
S'élève insolemment sur mes propres débris.
Eh bien ! quoi qu'ait souffert ma fierté combattue ,
Je lui pardonne tout, si Rome est abattue.
Mais de ce fier proscrit qu'ose-t-on espérer ?
Un envoyé de Rome en ce camp vient d'entrer.
A Coriolan seul aujourd'hui l'on s'adresse.
Croit-on pour son pays réveiller sa tendresse ?
A-t-il encor pour eux le cœur d'un citoyen ?....
Je pouvais empêcher un semblable entretien :
Le Volsque soupçonneux peut le craindre sans doute.
Éprouvons Marcius ; il le faut : qu'il écoute
Ce député romain : s'il paraît chanceler,
S'il n'est pas tout à nous, c'est à lui de trembler.
Plus les Volsques pour lui montrent d'idolâtrie,
Plus il doit, s'il changeait, redouter leur furie.
Ce peuple, extrême en tout, désormais voit en lui
Son fléau le plus grand, ou son plus grand appui.

Un moment à nos yeux peut le rendre coupable.

AUFIDE.

Non, n'en attendez rien : son ame est implacable.
Ils feront près de lui des efforts superflus.
C'est le connaître mal...

## SCÈNE II.

**AUFIDE, TULLUS; CORIOLAN,** *en habit guerrier;*
CHEFS VOLSQUES.

AUFIDE.

Mais il paraît.

CORIOLAN.

Tullus,
Si vous l'aviez voulu, dans ce moment peut-être
De Rome et de son sort le Volsque serait maître.
J'ai présumé de lui, ( j'en jugeais par mon cœur )
Qu'il pourrait, plein du feu qui l'avait fait vainqueur,
Et dans un si grand jour prodiguant les miracles,
Démentir des Romains les orgueilleux oracles.
J'embrassais cet espoir : il a pu m'égarer.
L'ennemi dans ses murs s'est pressé de rentrer.
Lui laissez-vous le temps de les mettre en défense ?
J'ai soumis mon audace à votre expérience.
Jusques à quand, seigneur, retenez-vous mon bras ?
La nuit a réparé les forces des soldats.
Pour marcher contre Rome ils attendaient l'aurore ;
Et, si leur général ne les arrête encore,
Dans ce même moment l'assaut peut se tenter.
Je n'attends que votre ordre, et cours l'exécuter.

TULLUS.

J'estime en un guerrier la noble impatience,
Qui sait, quand il le faut, céder à la prudence.
Je diffère mes coups pour les assurer mieux.
Croyez que tout Romain m'est assez odieux.

## SCÈNE III.

### TULLUS, CORIOLAN, PROCULE, AUFIDE,
CHEFS VOLSQUES.

PROCULE.

DÉPUTÉ du sénat, Volumnius s'avance,
Et de Coriolan demande la présence.
Il marche sur mes pas.

TULLUS.

Qu'il paraisse.

CORIOLAN, *à part.*

Qui! lui!

( *Haut.* )
Il était mon ami, Volsques ; mais aujourd'hui
Tout cède aux droits sacrés que la reconnaissance
Vient d'ajouter encore aux droits de la vengeance...

## SCÈNE IV.

### TULLUS, CORIOLAN, AUFIDE, PROCULE,
### VOLUMNIUS, ALBIN, CHEFS VOLSQUES.

CORIOLAN.

IL vient.

VOLUMNIUS.

Au nom de Rome, en ce camp député,
Puis-je à Coriolan parler en liberté ?

CORIOLAN.

Des Volsques désormais mon destin doit dépendre :
Ce n'est que devant eux que je puis vous entendre.
Les mêmes intérêts, les mêmes ennemis,
Ont formé ces liens pour jamais affermis.
Ils verront si mon cœur sait leur être fidèle.
Parlez.

TULLUS.

Coriolan, assuré de ton zèle,

Ce peuple que tu sers met sa cause en tes mains ;
Tu peux entendre seul l'envoyé des Romains,
Sans que cet entretien doive nous faire ombrage,
Ni sur toi d'un soupçon répandre le nuage.
Quoi que Rome, en un mot, puisse nous proposer,
Les Volsques sur ta foi veulent s'en reposer.

                (*Il sort avec les Volsques.*)

## SCÈNE V.

### CORIOLAN, VOLUMNIUS, ALBIN.

#### CORIOLAN.

Eh bien ! Volumnius, que faut-il que je croie ?
C'est le peuple romain qui vers moi vous envoie ?
Moi qu'ils ont condamné, que l'exil a puni !
Quoi ! ces Romains si fiers recherchent un banni !
Vous baissez vos regards ? vous craignez de répondre ?

#### VOLUMNIUS.

Oui : tout ce que je vois a de quoi me confondre.
Tout doit me pénétrer de honte et de pitié.
Je sens gémir en moi l'honneur et l'amitié.
Je pleure mon pays, quand sa faute l'accable ;
Je vois Rome vaincue, et mon ami coupable.
La colère, à ce mot, s'élève en votre cœur...
Et je n'ai pas dessein d'irriter un vainqueur.
Je sais quelle injustice envers lui fut commise ;
Qu'il croit à ses affronts la vengeance permise.
Le ciel, qui dans ce jour veut nous humilier,
Semble avoir pris le soin de la justifier.
Quel en sera le terme ? et jusqu'où sa furie
Prétend-elle jouir des maux de sa patrie ?
Fière encor, sous les coups qu'a portés votre main,
De n'avoir succombé qu'aux armes d'un Romain,
Sa défaite, il est vrai, coûte moins à sa gloire :
Faites-vous pardonner cette triste victoire.
Donnez la paix à Rome, et que votre équité
Règle nos intérêts et préside au traité.
Marcius en est digne ; et Rome, à plus d'un titre,
Entre le Volsque et nous le choisit pour arbitre.

Elle oublie, à ce prix, sa faute et ses succès ;
Et le plus beau retour va payer vos bienfaits.

CORIOLAN.

Je rends grace aux bontés dont je vois qu'on m'honore.
Coriolan, sans doute, est trop heureux encore
De reprendre chez vous le rang de citoyen :
Rien ne doit égaler un si précieux bien ;
Et, si je me soumets aux devoirs qu'on me trace,
Le grand Sicinius veut bien me faire grace.
Certes, quoiqu'en vos murs Marcius ait vécu,
Tant de hauteur m'étonne alors qu'on est vaincu.
Mais puisqu'à ma justice on daigne s'en remettre,
Sachez donc à quel prix vous pouvez vous promettre
De fléchir le vainqueur et d'arrêter son bras.
Les Romains ont du Volsque envahi les états,
De ses champs usurpés accru leur territoire ;
Vous abusiez ainsi du droit de la victoire.
Il ne demande rien que ce qu'il a perdu.
Je prétends, en son nom, que tout lui soit rendu.
Que, pour mieux étouffer ces jalouses querelles,
De la guerre entre vous semences éternelles,
Parmi vos citoyens le Volsque soit compté ;
Que réunis ensemble avec égalité...

VOLUMNIUS.

Juste ciel ! d'un Romain est-ce là le langage ?
Quel que soit en ces lieux le nœud qui vous engage,
Tous nos droits près de vous seraient-ils donc perdus !
Le Romain et le Volsque ensemble confondus !
Et c'est Coriolan, grands dieux ! qui le propose !
Cette loi si honteuse, un Romain nous l'impose !
Il est donc vrai qu'enfin ce cœur envenimé
Est par la haine seule à jamais animé,
Que même en notre sang elle n'est pas éteinte !
J'ai cru que d'un affront la douloureuse atteinte
Avait pour un moment égaré ta valeur,
Et d'un premier transport j'excusais la chaleur.
Je me suis applaudi de voir Rome, plus juste,
Ouvrir encor les bras à ce proscrit auguste ;
Et lorsque dans son sein tout l'invite à rentrer,

Au lieu de l'embrasser il veut le déchirer !

CORIOLAN.

Quoi ! par la liberté devenu plus sauvage,
Contre ses défenseurs ce peuple arme sa rage,
Et son féroce orgueil serait sacré pour moi !
Son caprice insolent serait encor ma loi !
Il faut, si j'en croyais un préjugé frivole,
Chérir sa tyrannie alors qu'elle m'immole !
Des nœuds qu'on a rompus suis-je encore enchaîné !
Qu'au nom de citoyen l'homme obscur soit borné ;
Que de ce vain honneur son ame soit nourrie ;
Le grand homme partout rencontre une patrie,
Fait le sort d'un empire en lui prêtant son bras ;
Il apporte la gloire, et ne la reçoit pas.
Les Romains sous leur joug se flattaient de m'abattre ;
Ils osaient m'outrager : qu'ils viennent me combattre.
J'ai bravé leurs tribuns, j'ai vaincu leurs soldats ;
Et je sens qu'il est doux d'abaisser des ingrats.

VOLUMNIUS.

Souvent on paya cher le plaisir des vengeances.
Irrité contre Rome, et plein de ses offenses,
Vous n'envisagez pas un sinistre avenir ;
Mais le Volsque lui-même un jour peut vous punir.
Craignez, en vous livrant à ce honteux refuge,
Les retours de l'envie et la fin d'un transfuge.
Elle est toujours funeste ; et qui trahit les siens
Craint et ses alliés et ses concitoyens.

CORIOLAN.

Si je dois en tous lieux trouver l'ingratitude,
Des mains de l'étranger le coup en est moins rude.
J'aurai puni, du moins, ceux qui m'ont outragé :
Je mourrai, mais vainqueur ; je mourrai, mais vengé.
Je vais donner l'assaut ; que Rome s'y prépare.

VOLUMNIUS.

C'est là votre réponse ! et cet arrêt barbare
Je le porte au sénat, à votre mère, hélas !

CORIOLAN.

Elle connaît ce cœur, sans doute, et ne croit pas

Que pour elle jamais ma tendresse s'altère.
Rome lui coûte un fils, et m'arrache une mère.
Rome seule est coupable : elle n'a pas tremblé
D'opprimer l'innocent...

## SCÈNE VI.

### PROCULE, CORIOLAN, VOLUMNIUS, ALBIN.

PROCULE.

Le conseil assemblé,
Sous vos ordres, seigneur, vient de ranger l'armée.
Vous la commandez seul : de vos exploits charmée,
Elle se flatte enfin, sous un chef tel que vous,
De pouvoir aux Romains porter les derniers coups.

CORIOLAN.

Ce choix m'est glorieux : mon espoir est le vôtre ;
Mais pourrai-je accepter la dépouille d'un autre ?
Tullus, qui m'a reçu, devant moi dégradé...

PROCULE.

On reproche à Tullus d'avoir seul retardé
La chute des Romains par vous seul préparée :
En marchant sur vos pas on la croit assurée ;
Et sans doute l'assaut doit leur être fatal
Si Coriolan seul est notre général.
Le conseil vous attend.

CORIOLAN.

Je suis prêt à m'y rendre.
( *A Volumnius.* )
Ainsi donc de moi seul votre sort va dépendre.
L'amitié que mon cœur garde à Volumnius
Le voit avec regret du parti des vaincus.
Il n'est rien qu'un ami sur moi ne pût prétendre ;
Mais au nom des Romains il ne doit rien attendre.
Vous savez à quel prix ils obtiendront la paix.

VOLUMNIUS.

Rome, au prix de l'honneur, ne l'achète jamais.

Que plutôt notre perte aujourd'hui se consomme.

CORIOLAN.

Attendez Marcius sur les remparts de Rome.

(Il sort avec Procule.)

## SCÈNE VII.

### VOLUMNIUS, ALBIN.

VOLUMNIUS.

Jusqu'où nous a conduits un sort injurieux ?
Vaincus et dédaignés ! en est-ce assez, ô dieux ?
Nous trompiez-vous, hélas ! ô vous dont les oracles
Ont au peuple de Mars promis tant de miracles ?
Dieux, immortels auteurs de nos prospérités,
Avec Coriolan nous avez-vous quittés ?
L'horreur est dans nos murs ; il semble qu'un seul homme
Emporte le courage et les forces de Rome.
Troublé par les remords, ce peuple sans appui
S'accuse et croit le ciel irrité contre lui.
Le malheur qu'on mérite accable davantage.
Si, parmi tant de maux que ma douleur partage,
Je pouvais... mais que dis-je ?... oui, cet heureux dessein,
Un dieu lui-même, un dieu le fait naître en mon sein.
J'embrasse avec transport cette unique assistance,
Des malheureux Romains la dernière espérance...
Albin, volez à Rome, et portez au sénat
Un avis important qui peut sauver l'état,
Qu'en vos fidèles mains la mienne va remettre :
Hâtez l'heureux secours que j'ose m'en promettre.
Au conseil assemblé je vais parler de paix ;
De l'assaut, s'il se peut, retarder les apprêts ;
D'un délai précieux ménager l'avantage,
Et vous donner le temps d'achever mon ouvrage...
Daigne conduire, ô ciel, mes efforts et ses pas.
Tu donnas Marcius à Rome : ah ! ne fais pas
Un sinistre fléau d'un mortel tutélaire,
Et d'un si beau présent un don de ta colère !

FIN DU QUATRIÈME ACTE.

# ACTE V.

## SCÈNE I<sup>re</sup>.

**CORIOLAN**, CHEFS VOLSQUES.

### CORIOLAN.

ENFIN vous le vouliez ; il a fallu céder :
Mais si Coriolan consent à commander,
S'il a sacrifié sa juste répugnance ,
S'il souscrit à ce choix dont un autre s'offense,
C'est pour hâter les coups que vont porter nos mains ,
Et pour mieux assurer la perte des Romains.
On prépare déja les machines guerrières
Qui des murs ébranlés renversent les barrières.
Les Romains vainement abaissent leur orgueil ;
Que leurs remparts détruits deviennent leur cercueil.
Dans une heure, guerriers , je marche à votre tête.
Allez.
( *Les chefs volsques sortent.* )

## SCÈNE II.

### CORIOLAN , *seul.*

D'où vient qu'ici Voluminins s'arrête ?
De quel espoir encor pourrait-il se flatter ?
Par des soumissions croit-il nous arrêter ?
Ou bien que la pitié dans mon ame entendue ?...

## SCÈNE III.

DEUX FEMMES ROMAINES, **FLAVIE, VÉTURIE** *en deuil,*
**CORIOLAN.**

### CORIOLAN.

QUE vois-je ?... Vous, ma mère! ah! m'êtes-vous rendue?
Partagez les transports dont mes sens sont émus.
Dans cet embrassement...

### VÉTURIE.

Arrête, Marcius.
Viens-tu pour embrasser ta mère ou ta captive?
Ordonnes-tu ma mort, ou faut-il que je vive?
Es-tu mon fils enfin, ou bien mon ennemi?
Parle.

### CORIOLAN.

A ce mot affreux tout mon cœur a frémi.
Non, l'exil et l'outrage, et Rome et sa colère,
N'ont point flétri cette ame aussi tendre que fière.
Quoique par tant d'affronts ce cœur soit déchiré,
Les Romains ne l'ont pas rendu dénaturé.

### VÉTURIE.

Qu'as-tu donc fait, cruel? que veux-tu faire encore?
Qui m'amène à tes yeux dans ce camp que j'abhorre?
En quels lieux te revois-je? où suis-je? quelle main
Prétend anéantir jusques au nom romain?
C'est celle de mon fils, du fils de Véturie.
A l'aspect de ces murs, quoi! malgré ta furie,
Tu n'as pas dit toi-même à ton cœur attendri :
C'est là que je suis né, là que je fus nourri!
De mes fils, de ma femme, on y garde la cendre!
C'est là que vit pour moi la mère la plus tendre!
Tu la forces, barbare, en sa calamité,
A maudire l'hymen et sa fécondité;
A pleurer ta naissance, hélas! jadis si chère!
Pour le malheur de Rome ai-je donc été mère?
J'ai produit le plus grand de tous ses ennemis!
Rome ne craindrait rien, si je n'avais un fils!
Ah! cette horrible idée accable mon courage.

### CORIOLAN.

Vous plaignez les Romains! n'accusez que leur rage.
Vous me montrez ces murs! là sont mes oppresseurs;
Là sont mes ennemis : ici mes défenseurs.
Ce camp qui vous irrite est mon unique asile:
Dois-je lui préférer Rome d'où l'on m'exile?
Qui doit m'être plus cher du Volsque ou du Romain?
L'un, pour qui j'ai tout fait, est injuste, inhumain,
Par un bannissement a payé mon service;

L'autre à son ennemi tend une main propice.
Dois-je donc l'oublier, et faut-il désormais
Récompenser l'outrage et punir les bienfaits?

VÉTURIE.

Et n'ont-ils pas joui de ta reconnaissance?
N'as-tu donc pas assez relevé leur puissance?
Ils te doivent l'honneur de nous avoir vaincus;
Nous demandons la paix; et que faut-il de plus?
Règle au moins cette paix sans que Rome en rougisse.
Je suis loin d'exiger que ton cœur les trahisse.
Mais quoi! leur as-tu fait le serment odieux
De détruire ces murs, ta patrie, et tes dieux;
De leur sacrifier, de ta main meurtrière,
Tout le sang des Romains et le sang de ta mère?
Si c'est là le seul prix qu'attendait leur fureur,
Si le Volsque y prétend, il doit te faire horreur.
Ah! si Coriolan daignait ici m'en croire,
Que d'un autre destin il peut goûter la gloire!
Quel immortel honneur s'en va le couronner,
De triompher de Rome, et de lui pardonner!

CORIOLAN.

Pardonner aux Romains! l'effort est impossible:
Je tiens de vous un cœur trop fier et trop sensible.
Le connaissez-vous bien? avez-vous oublié
Par quelle épreuve amère il fut humilié?
Non, vos yeux n'ont point vu mes affronts, mes supplices;
Vous n'étiez pas témoin de ces affreux comices
Où d'arrogans tribuns, arbitres de mon sort,
Me présentaient les fers, et la honte et la mort;
Où j'entendais, au gré des plus vils adversaires,
Rugir autour de moi les fureurs populaires.
Assailli de leurs cris, de leur rage entouré,
Au milieu de l'opprobre où je parus livré,
Je rassemblais en moi ma force et ma constance,
Et dans ce cœur souffrant j'amassais ma vengeance.
Je jurais à ce cœur que, cet instant passé,
Rome en vain pleurerait de m'avoir offensé.
Non, je n'aurai point fait une menace vaine.

VÉTURIE.

Eh! doit-on accomplir les sermens de la haine?
Quel est ce faux honneur dont tu vas t'occuper?
Ah! je t'en offrais un qui ne peut te tromper,
Que rien ne peut ternir, dont rien ne me sépare...

CORIOLAN.

Et quel honneur vaudrait celui qu'on me prépare?
De deux états rivaux je vais changer le sort.
Toujours vaincu, toujours déçu dans son effort,
Le Volsque s'est long-temps débattu dans ses chaînes;
Sans cesse il retombait sous les aigles romaines.
Je commande le Volsque; il triomphe : mon bras
Ote à Rome en un jour le fruit de cent combats.
Au parti que je sers je fais passer l'empire;
Et, si j'en crois l'espoir que la fortune inspire,
Antium, des Romains éteignant la splendeur,
Ne devra qu'à moi seul sa nouvelle grandeur.
Il devient ma patrie, et je n'en veux plus d'autre.
Loin de me l'envier, ah! faites-en la vôtre.
Détachez-vous enfin de mes persécuteurs;
Songez auprès de moi quels destins plus flatteurs
Pourraient...

VÉTURIE.

Moi! sauver Rome, ou périr avec elle,
Voilà mon seul destin, et j'y serai fidèle.
Serai-je donc témoin de tes noires fureurs?
Verrai-je consommer ce spectacle d'horreur?
Toi-même, dans nos murs apportant le ravage,
Et donnant contre nous le signal du carnage?
Non, ce fer si coupable et teint du sang romain,
Ce fer, si je ne puis l'arracher de ta main,
Il faut du moins, il faut m'en percer la première;
Pour sortir de ce camp, fouler aux pieds ta mère.

CORIOLAN.

O ciel!.. et c'est ainsi que vous aimez un fils!
Voilà ces nœuds si chers qui nous avaient unis,
Ces tendres sentimens qui, depuis mon enfance,
Ainsi que mon bonheur, faisaient ma récompense!
Marcius à vos yeux n'est plus rien aujourd'hui :

Vous aimez mieux mourir que de vivre pour lui.
C'est à mes ennemis que ce cœur s'intéresse ;
Les cruels m'ont ravi jusqu'à votre tendresse.

VÉTURIE.

Moi ! cesser de t'aimer !... Marcius, le crois-tu ?
Ah ! si je n'écoutais qu'une austère vertu ;
Si Véturie, hélas ! n'était rien que Romaine,
Un ennemi de Rome eût mérité ma haine.
Cet affreux sentiment n'est pas en mon pouvoir ;
Et quand je viens ici te montrer ton devoir,
C'est toi, toi-même, hélas ! qu'une mère attendrie
Voudrait sauver du crime en sauvant la patrie.
Ah ! mon fils !.... car ce nom dont tu trahis les droits,
Ce nom, tu t'en souviens, te fut cher autrefois ;
Comme il faisait ma gloire, il faisait tes délices ;
Et par toi seul livrée aux plus affreux supplices,
Mourante sous tes coups, ce nom cher et sacré,
Tu l'entendrais sortir de ce cœur déchiré...
Par ce nom, par les soins que j'eus de ta jeunesse ;
Par ces plaisirs si purs que goûta ma tendresse,
Alors que sous mes yeux, pour les plus grands destins,
Tu croissais, l'espérance et l'amour des Romains ;
Par ce deuil, de nos maux sinistre témoignage,
Qui déjà de ma mort te présente l'image,
De ma mort, seul asile ouvert au désespoir,
Si ton cœur obstiné ne se peut émouvoir...
Ne me refuse pas...

CORIOLAN.

Ce peuple qui m'opprime,
Même dans mes bontés verrait un nouveau crime.
Il n'oublîrait jamais que je l'ai fait trembler,
Et tôt ou tard encore il saurait m'accabler.

VÉTURIE.

Non ; qui reçoit sa grace, au remords s'abandonne.

CORIOLAN.

Non, l'orgueil est ingrat : il hait qui lui pardonne ;
Et je dois à moi-même, au Volsque mon soutien...

VÉTURIE.

Suis-je la seule, hélas! à qui tu ne dois rien?
Toi qui me rappelais notre union si chère,
Qui ressens le besoin d'être aimé d'une mère,
Pourrais-tu loin de toi repousser ma douleur?
J'ai si souvent au ciel demandé ton bonheur!
Je demande le mien à mon fils que j'implore.

CORIOLAN.

Quoi! Rome dans ses murs me reverrait encore!
J'irais pour y ramper sous un joug odieux!

VÉTURIE.

Non; pour m'y voir jouir de tout ce que les dieux
Peuvent verser de biens sur les jours d'une mère,
Pour les voir du bonheur me rouvrir le carrière.
Rome attend mon retour, ta réponse et son sort.
Songe quel jour pour moi, quel moment, quel transport,
Quand je vais d'un seul mot leur rendre à tous la vie,
Leur conter par mes soins Rome au glaive ravie;
Le fer qu'elle craignait tombé de cette main,
Et mon fils, à ma voix, redevenu Romain!

CORIOLAN.

Ah! que prétendez-vous?

VÉTURIE.

Je crois voir leurs hommages
Parmi les immortels consacrer mes images;
Rome reconnaissante honorer mon tombeau...
Et je puis te devoir un triomphe si beau;
Et tu pourrais, cruel, m'en refuser la gloire!
Non, la nature enfin obtiendra la victoire.
Ta mère et ta patrie, et tous ces noms si doux,
Et Véturie en pleurs embrassant tes genoux...
Oui, je m'y jette, ingrat...

*( Elle se jette aux pieds de son fils. )*

CORIOLAN, *voulant la faire relever.*

Vous à mes pieds, ô ciel!

VÉTURIE.

J'y resterai, barbare!

J'expirerai du moins en étendant mes bras
Vers mon fils révolté, que je n'attendris pas.

CORIOLAN , *en faisant relever sa mère.*

Ah! vous en triomphez : la victoire est entière,
Et je n'ai pu jamais résister à ma mère.
Les Romains sont sauvés : je dois y consentir...
Et puissé-je bientôt ne m'en pas repentir !

VÉTURIE.

Non, ne te repens pas, quand tu me vois heureuse.

CORIOLAN.

Du Volsque en ce moment la fougue impétueuse
Menace vos remparts , prépare les assauts ;
Il faut que de vos murs j'éloigne ses drapeaux.
Je vais dire au conseil (et puisse-t-il m'en croire !)
Qu'une honorable paix vaut mieux qu'une victoire;
Et que, s'ils ont enfin résolu sans retour
De détruire la ville où j'ai reçu le jour,.
Plutôt que par mes mains sa ruine s'achève,
J'aime mieux renoncer au rang où l'on m'élève.
Volumnius au camp est encore arrêté :
Quel que soit le décret qui doit être porté ,
Qu'il aille sur vos pas apprendre à la patrie
Qu'elle ne craint plus rien du fils de Véturie.
Quoi qu'il puisse arriver , je vais vous obéir.

( Il sort. )

# SCÈNE IV.

DEUX FEMMES ROMAINES, FLAVIE , VÉTURIE.

VÉTURIE.

Oui, j'en crois ce grand cœur qui n'a pu se trahir,
Et qui de la nature a reconnu l'empire.
Ciel ! après tant de maux , souffre que je respire :
Laisse rentrer la joie en ce cœur ranimé.
Je retrouve mon fils tel que je l'ai formé.
Rome est en sûreté : Rome , que j'ai servie ,
Va consacrer ce jour le plus beau de ma vie.
* Je dus , il est trop vrai, le croire évanoui,

12

* Ce.bonheur dont mon ame a si long-temps joui.
* Le sort veut me payer de cette perte amère,
* Et de Coriolan je suis encor la mère.
* Que le Volsque s'obstine en ses projets hautains,
* Il n'a plus le héros qui faisait ses destins.
* J'ai rendu Marcius aux Romains, à lui-même,
* Et l'on ne doit qu'à moi ce triomphe suprême...
Mais quel bruit effrayant a glacé mes esprits ?
Quelque danger, ô ciel! menace-t-il mon fils ?...

( A Flavie. )

Ah! calme mes terreurs, vole, et reviens m'apprendre
A de nouveaux revers s'il faut encor m'attendre.
Va.

( Flavie sort. )

# SCÈNE V.

### Deux femmes romaines, VÉTURIE.

#### VÉTURIE.

D'un mortel effroi tous mes sens sont saisis.
Quand j'ai tout obtenu, quand mes vœux sont remplis,
Quoi! cet instant si doux deviendrait-il funeste?
Veillez sur Marcius, dieux justes que j'atteste!
O vous qui par ma voix le changez aujourd'hui,
Ce cœur, qui lui doit tout, vous implore pour lui!

# SCÈNE VI.

### Deux femmes romaines, FLAVIE, VÉTURIE.

#### FLAVIE.

Ah! que puisse le ciel démentir nos alarmes!
Tout ce camp retentit du bruit affreux des armes.
Je tremble des fureurs de ce peuple inhumain,
Et j'ai vu du conseil sortir, le fer en main,
Des guerriers tout sanglans; leur voix criait vengeance...

#### VÉTURIE.

Viens, courons vers mon fils...

## SCÈNE VII.

DEUX FEMMES ROMAINES, FLAVIE, VÉTURIE,
VOLUMNIUS.

VÉTURIE.

VOLUMNIUS s'avance.
Sur son front consterné je lis tous nos malheurs.
Je vois...

VOLUMNIUS.

O coup affreux ! ô comble de douleurs !
Qu'il vous en coûte, hélas ! pour avoir sauvé Rome !

VÉTURIE.

Quoi ! mon fils ! se peut-il ? achevez...

VOLUMNIUS.

Ce grand homme
Est victime à la fois des Volsques, des Romains.
Il meurt.

VÉTURIE.

Mon fils ! grands dieux ! qu'a-t-on fait ? quelles
mains. . . .
Je succombe.

(*Elle tombe dans les bras de Flavie.*)

VOLUMNIUS.

Au conseil j'étais admis encore.
Ce héros, qu'à jamais il faut que l'on déplore,
S'y montre tout à coup, ose leur annoncer
Qu'à l'attaque de Rome ils doivent renoncer ;
Que contre elle son bras ne peut rien entreprendre.
Du côté de Tullus un cri se fait entendre.
Ses amis indignés, dont le ressentiment
De perdre Marcius attendait le moment,
Se lèvent en fureur : « O Volsques ! quoi ! ce traître
« Vous sacrifie à Rome, et veut parler en maître ?
« Ce transfuge aux Romains nous aura donc vendus !
« Immolez le perfide, ou vous êtes perdus. »
Sur lui, le fer en main, ils fondent avec rage.

Le héros, dont le nombre accable le courage,
Abandonne sa vie à leur lâche courroux,
Et sous tant d'ennemis tombe percé de coups.
Il invoquait en vain les dieux vengeurs du crime.
Les assassins, couverts du sang de leur victime,
Ont fui, comme effrayés de leur propre fureur ;
Tous se sont dispersés : et moi, saisi d'horreur,
J'embrassais mon ami, le baignais de mes larmes.
Mais lui : « Dissipe, hélas ! de trop justes alarmes ;
« Revole vers ma mère, a-t-il dit ; tes secours
« Peuvent seuls à mon cœur répondre de ses jours.
« Heureux si, retrouvant un reste de lumière,
« Je puis la voir encore à mon heure dernière ! »
Tandis que mes Romains, par un trop vain effort,
En arrêtant son sang ont retardé sa mort,
J'ai couru vers ces lieux, le désespoir dans l'ame.
Mais, par pitié pour vous, épargnez-vous, madame,
De votre fils mourant le douloureux aspect ;
Puisqu'on vous garde encore une ombre de respect
Venez, arrachez-vous de ce lieu trop funeste,
Hélas ! et profitez du moment qui vous reste.

VÉTURIE.

Eh ! qu'importe ma vie en ces instans affreux ?
Je veux revoir mon fils : oui, ce cœur malheureux,
Ce cœur désespéré demande encor sa vue.
S'il meurt, j'en suis la cause, et c'est moi qui le tue.
C'est moi... Guidez mes pas...

# SCÈNE VIII.

DEUX FEMMES ROMAINES, **FLAVIE, VÉTURIE,**
**CORIOLAN** *porté par des soldats,* **VOLUMNIUS,**
SOLDATS.

VÉTURIE.

            Mais quel objet ! ô cieux !
*(A Coriolan.)*
Ils ont versé ton sang, ces monstres odieux !
Et j'ai livré mon fils à leur main forcenée !...

CORIOLAN.

Ne leur reprochez point la mort qu'ils m'ont donnée :

Ils n'ont fait qu'achever l'ouvrage des Romains.
Ah ! ceux qui m'ont banni sont mes vrais assassins.
Voilà ce qu'a fait Rome, et vous l'avez sauvée ;
Vous seule de mes coups vous l'avez préservée.
Vous payez cher, hélas ! vos funestes secours...
Mon dernier sacrifice est celui de mes jours :
Ils vous appartenaient.

VÉTURIE.

        Épargne Véturie,
Épargne sa douleur...

CORIOLAN.

        Vous, que j'ai tant chérie,
Vivez, ma tendre mère !... et vous, Volumnius,
Ne craignez plus le Volsque... il n'a plus Marcius.
Son infâme attentat a souillé sa victoire,
Et j'emporte avec moi sa fortune et sa gloire.

VOLUMNIUS.

Puisse Rome sur lui venger votre trépas !

CORIOLAN.

L'honneur a jusqu'au bout accompagné mes pas.
Je l'ai vue à mes pieds cette Rome si fière...
J'ai fait grace... et je meurs dans les bras de ma mère.
(Il expire.)

FIN DE CORIOLAN.

# VIRGINIE,

## TRAGÉDIE EN CINQ ACTES ET EN VERS,

## DE LA HARPE;

Représentée pour la première fois au théâtre francais du faubourg Saint-Germain, le 11 juillet 1786.

# PERSONNAGES.

APPIUS, premier décemvir.
SPURIUS, autre décemvir, ami d'Appius.
ICILIUS, ancien tribun du peuple.
VIRGINIUS, centurion.
PLAUTIE, femme de Virginius.
VIRGINIE, fille de Virginius et de Plautie.
VALÉRIUS, sénateur consulaire.
MÉNÈS, affranchi d'Icilius.
LE CHEF DES LICTEURS.

## PERSONNAGES MUETS.

CLAUDIUS, client d'Appius.
SEPTIME, appariteur.
BARCÉ, nourrice de Virginie.
LICTEURS.
SÉNATEURS.
ROMAINS.
SOLDATS.
ESCLAVES.
FEMMES, suivantes de Virginie.


*La scène est à Rome.*

# VIRGINIE,
## TRAGÉDIE.

---

## ACTE PREMIER.

*Le théâtre représente un appartement intérieur de la maison de Virginius. On voit au fond les statues des dieux domestiques et un autel orné de guirlandes.*

### SCÈNE Ire.

### ICILIUS, VALÉRIUS.

#### VALÉRIUS.

Dans un jour solennel, à l'hymen consacré,
Lorsque déjà pour vous l'autel est préparé ;
Lorsqu'à tant de rivaux, que sa gloire humilie,
L'heureux Icilius enlève Virginie,
Pardonnez au devoir qui, m'appelant vers vous,
Vous distrait un moment d'un triomphe si doux.
Il s'agit de l'état : quelque soin qui vous presse,
Quoi qu'exige de vous une juste tendresse,
Votre cœur m'est connu : l'hymen et ses douceurs
Y laissent place encore aux publiques douleurs.
Rome, dans les apprêts d'une pompe si chère,
Ne vous fait point entendre une plainte étrangère ;
Et quoique Icilius, ennemi du sénat,
Soit ici de tout temps l'ame du tribunat,
L'opprobre qui flétrit la liberté romaine
Doit dans les deux partis suspendre au moins la haine.
C'est le même intérêt qui doit nous rassembler ;
C'est au nom du sénat que je viens vous parler.

ICILIUS.

Vous me rendez justice, et vous avez dû croire
Que ce cœur en tout temps aime Rome et la gloire;
Que, malgré les douceurs du plus tendre lien,
Et l'amant et l'époux cèdent au citoyen.
Né pour l'égalité, né pour la république,
Il est vrai, j'ai haï ce sénat despotique,
Qui foule un peuple libre, en proie à ses hauteurs;
Tribun, j'ai combattu l'orgueil des sénateurs.
Mais je n'ai point en vous rencontré d'adversaire:
Toujours Valérius s'est montré populaire.
A vos nobles aïeux, dignes soutiens des lois,
Rome et la liberté doivent leurs plus beaux droits.
Le peuple espère en vous quand le sénat l'accable;
Votre nom près de lui fut toujours favorable.
D'un si grand intérêt venant m'entretenir,
De moi Valérius pourra tout obtenir.
Je ne puis cependant lui cacher ma surprise:
A traiter avec moi le sénat l'autorise!
Quoi! sous les décemvirs deux ans anéanti,
Le sénat du silence est donc enfin sorti!
Qui l'a pu convoquer? de quel droit? à quel titre?
Seul de l'état entier Appius est l'arbitre.
Lorsqu'au fer des Sabins avec peine arrachés,
Ses collègues vaincus dans leur camp sont cachés,
Il domine en tyran dans Rome consternée,
Remplit de ses licteurs la place abandonnée.
Il n'est plus ni tribuns, ni consuls, ni sénat:
Tout pouvoir a fini sous le décemvirat.
La tribune est muette, et Rome est asservie.

VALÉRIUS.

Et voilà de quels maux la discorde est suivie:
De nos divisions voilà les fruits amers.
Hélas! trop vainement j'ai prévu ces revers.
Que n'ai-je pu calmer ces jalouses querelles,
Ces débats factieux, ces luttes éternelles,
Où d'une et d'autre part on s'est précipité
Dans l'abus du pouvoir ou de la liberté;
Où nul des deux partis n'a connu la balance

Ni de l'autorité, ni de l'obéissance!
Enfin, pour s'accorder, d'une commune voix
Les Romains à la Grèce ont demandé des lois.
Rome, pour élever cet auguste édifice,
De tout autre pouvoir suspendant l'exercice,
Créa des décemvirs, et sur eux à la fois
Des tribuns, des consuls réunit tous les droits.
Un an devait finir l'ouvrage et leur puissance;
Mais toujours ennemis, toujours en défiance,
Les deux ordres rivaux, le peuple et le sénat,
L'un craignant les consuls, l'autre le tribunat,
Des décemvirs encore ont prolongé l'empire.
Contre elle-même, hélas! ainsi Rome conspire.
C'est ainsi qu'Appius vit notre propre main
A son ambition aplanir le chemin.
Ainsi de commander la flatteuse habitude,
Et de l'art des tyrans la criminelle étude;
Ses collègues par lui soumis ou corrompus;
Nos jeunes sénateurs à ses desseins vendus,
Qui pensent ramener, grace à la tyrannie,
Dans l'absence des lois la licence impunie,
Ont préparé le joug dont on veut nous flétrir,
Que même sous ses rois Rome n'a pu souffrir!
Et tandis qu'on l'opprime et qu'Appius y règne,
L'ennemi rassuré l'insulte et la dédaigne.
J'en rougis...Les Latins, si souvent terrassés,
Relevant leurs drapeaux tant de fois renversés,
Ont vu fuir devant eux notre aigle et nos cohortes.
L'étendard des Sabins a menacé nos portes;
Et nos guerriers l'ont vu sans honte et sans fureur :
Dans les forêts d'Algide ils cachent leur terreur,
Trop heureux au danger d'une défaite entière
D'opposer de leur camp la timide barrière.

ICILIUS.

Dans notre abaissement, êtes-vous donc surpris
Que Rome à ses sujets inspire le mépris?
Peut-elle commander, quand elle est à la chaîne;
Esclave dans ses murs, être ailleurs souveraine?
N'accusez pas en vain le peuple et les soldats :

Ils ont le même cœur, ils ont les mêmes bras ;
Mais pour qui triompher, s'il n'est plus de patrie ?
Si la gloire, seigneur, qu'ils ont toujours chérie,
Si la victoire enfin abandonne leurs rangs,
C'est qu'ils n'ont pas voulu vaincre pour des tyrans.

VALÉRIUS.

Eh bien, Icilius, de cet opprobre insigne
Le sénat plus que vous et s'irrite et s'indigne.
Trop long-temps Appius tremble de l'assembler ;
Devant cet ordre auguste il n'oserait parler.
Il veut en effacer la majesté suprême ;
Mais le sénat enfin s'est convoqué lui-même.
Le brave Horatius, le défenseur des lois,
Né comme moi d'un sang qui combattit les rois ;
Et les deux Quintius, et tous nos consulaires,
Des droits du nom romain ces grands dépositaires,
Ont enfin résolu d'affranchir cet état,
Et du joug d'Appius et du décemvirat.
A ce fier décemvir, dont on craint la furie,
J'i ai parler moi-même, au nom de la patrie.
A ce rang odieux s'il ne veut renoncer,
Croyez que le sénat peut encor l'y forcer ;
Et même, plus j'y pense, et moins je m'imagine
Qu'Appius jusqu'au bout dans ses projets s'obstine ;
Qu'il risque, en se portant à cette extrémité,
Ce combat d'un tyran contre la liberté.
Non, la voix du sénat, le devoir qui l'inspire,
Sur un patricien doit avoir quelque empire.
Mais quand les décemvirs, de si haut descendus,
Au rang de citoyens resteront confondus,
Quand le peuple sur eux reprendra sa puissance,
N'abusera-t-il point du droit de la vengeance ?
Voilà sur quoi vous seul pouvez nous rassurer :
Seul vous êtes son guide et pouvez l'éclairer.
Appius est d'un sang que dans Rome on révère,
Et surtout au sénat sa famille est bien chère.
Nous craignons qu'aux fureurs d'un peuple forcené
Le sang patricien ne soit abandonné ;
En un mot, à nos vœux s'il consent à se rendre,
A quel sort Appius doit-il enfin s'attendre ?

Le sénat à vous seul veut bien s'en rapporter.

ICILIUS.

Je n'ai point cet espoir qui semble vous flatter.
J'ai trop su d'Appius démêler le génie,
Et chaque pas qu'il fait tend à la tyrannie.
Trop long-temps du pouvoir il goûta les appas :
Déjà le capitole est plein de ses soldats ;
Et juge sans appel, et magistrat unique,
Il pourrait déposer ce faste tyrannique !
Il pourrait abdiquer ! Non, seigneur... Cependant,
Si vous avez sur lui cet heureux ascendant,
Allez, ce peuple, objet de votre défiance,
Ne veut que la justice et non pas la vengeance.
Que tout soit rétabli, qu'il rentre dans ses droits ;
Rendez-lui ses tribuns, ses comices, ses lois,
Surtout ce droit d'appel, cette loi Valérie,
Bienfait de vos aïeux, rempart de la patrie :
Il ne veut point prétendre à des présens plus chers,
Ni s'armer contre vous des maux qu'il a soufferts.
Non, seigneur, il n'est point affamé de victimes ;
Il peut sacrifier ses plaintes légitimes,
Et livrer Appius, après ses attentats,
Non point à ses remords ( les tyrans n'en ont pas ),
Mais au regret amer d'un forfait inutile ,
A la honte d'une ame ambitieuse et vile ,
Qui put croire en effet qu'il était un destin
Au-dessus de l'honneur d'être libre et Romain.
Voilà nos sentimens : le sénat peut m'en croire.

VALÉRIUS.

Ah ! puisse de nos maux s'effacer la mémoire !
Que puisse s'oublier cet opprobre si grand
Que le sénat de Rome ait produit un tyran !
Et vous , Icilius , citoyen magnanime ,
Que le même intérêt désormais nous anime.
O Rome ! dans ton sein rapproche tes enfans :
Qu'ils soient toujours unis pour être triomphans.
Je retourne au sénat. Jouissez par avance
Des droits que vous avez à sa reconnaissance.

Croyez qu'auprès de lui par mes soins secondé
Le peuple en obtiendra plus qu'il n'a demandé.

( Il sort. )

## SCÈNE II.

### ICILIUS, *seul.*

Sénateur vertueux, ami de la justice ,
Au peuple en tous les temps appui cher et propice ,
Que ne puis-je, en ce jour que j'ai tant souhaité,
Embrasser cet espoir que tu m'as présenté !
Mon bonheur serait pur, si Rome était heureuse.
Faut-il que de ses maux l'image douloureuse
Se mêle au sentiment de ma félicité ,
Et d'un plaisir si doux trouble la pureté !
L'hymen me donne enfin l'aimable Virginie ;
Et dans le même instant qu'à mes destins unie
Elle remplit ce cœur que l'amour lui soumit ,
J'ai honte d'être heureux lorsque Rome gémit.
Vous, pénates sacrés, chargés de nos offrandes,
Que d'innocentes mains ont parés de guirlandes,
Protégez-nous, ô dieux! Qne nos destins cruels
Ne nous poursuivent pas au pied de vos autels.
Sur mon épouse et moi... Je la vois qui s'avance.

## SCÈNE III.

### ICILIUS, VIRGINIE, deux femmes suivantes.

#### ICILIUS.

Quoi! si près du moment que mon ardeur devance ,
Alors que de l'hymen les nœuds saints et chéris
Consacrent un amour dont le vôtre est le prix ,
Ma chère Virginie, une ombre de tristesse ,
Sur vos traits répandue , alarme ma tendresse !
Porterez-vous ce front obscurci de douleur
Au temple où vous allez prononcer mon bonheur ?
j'ai dû vous en croire , il est aussi le vôtre.

VIRGINIE.

Jamais, jamais ce cœur n'en peut désirer d'autre;
Et quand je vais jurer d'être toujours à vous ,
Le plus saint des sermens est encor le plus doux.
Mais, je vous l'avoûrai, mon ame est étonnée,
En adorant l'époux à qui l'on m'a donnée,
D'ignorer aujourd'hui ces transports si charmans,
Que tout près d'être unis éprouvent les amans :
Soit que d'un tel bonheur l'impression si chère
Dans l'ame qu'il remplit s'enferme tout entière;
Soit que, plus il est grand , moins elle ose en jouir ,
Et pense à tout moment le voir s'évanouir.
Veuille le ciel , témoin du nœud qui nous engage ,
Ne pas tourner , hélas ! mes craintes en présage !
Mais toujours l'avenir se noircit devant moi ;
J'éprouve à chaque instant je ne sais quel effroi ,
Même auprès d'un époux , dans les bras de ma mère ,
Et la félicité semble m'être étrangère.
Peut-être en mon esprit les malheurs de l'état
Ont jeté ces terreurs que ma raison combat.
Sans doute aussi l'absence et les dangers d'un père
Mêlent à notre joie un chagrin qui l'altère.
Pourquoi Virginius n'en est-il pas témoin ?
Combien il vous chérit , seigneur ! avec quel soin
De votre tribunat il me contait la gloire ;
L'orgueil patricien vous cédant la victoire ;
Et le peuple , vengé des abus oppresseurs ,
Comptant Icilius parmi ses défenseurs !
Mon ame avidement écoutait ce langage ;
Et quand il vous louait je l'aimais davantage.
Et maintenant ce père est éloigné de nous !
Il ne m'entendra point vous nommer mon époux !
L'hymen offre à nos yeux ses pompes éclatantes :
Loin de cet appareil, il veille sous des tentes ,
Exposé chaque jour aux périls les plus grands ,
Pour défendre des murs où règnent les tyrans !

ICILIUS.

J'ai regret comme vous qu'une ame paternelle
S'arrache à des plaisirs toujours si doux pour elle.
Mais ses ordres sacrés en hâtent le moment;

Notre amour obéit à son empressement.
« Je veux à mon retour ( écrit-il à Plautie )
« Revoir Icilius époux de Virginie. »
Aurais-je mérité votre main , votre cœur,
Si j'eusse mis obstacle à mon propre bonheur?
Il allait s'accomplir, à l'instant où la guerre
Contre nos ennemis appela votre père.
Je vis par son départ notre hymen suspendu.
Il crut à nos desirs être bientôt rendu ;
Que le Sabin , au joug vainement indocile,
Nous préparait encore un triomphe facile.
Mais ce n'est plus le temps où ces grands dictateurs ,
Ces guerriers citoyens, ces héros laboureurs ,
Prompts à venger l'état et pressant la victoire,
De vaincre et d'abdiquer briguaient la double gloire,
Revolaient du triomphe aux rustiques travaux,
Et reprenaient le soc en quittant les faisceaux.
Des Romains aujourd'hui tel n'est plus le génie.
L'esclavage toujours produit l'ignominie ;
Et sous des chefs vaincus, sans doute nos soldats
Passeront dans leur camp la saison des combats.

VIRGINIE.

Et mon père !...

ICILIUS.

       Sur lui ne prenez point d'alarmes.
Le Sabin , enivré du succès de ses armes ,
A cru que notre camp pouvait être forcé ;
Mais par nos légions il s'est vu repoussé ;
Et le soldat aux chefs a fait assez connaître
Qu'il eût été vainqueur, s'il avait voulu l'être.
Bannissez donc la crainte ; et qu'en un tel moment,
Tranquille sur un père et toute à votre amant,
Aux transports que je sens votre ame abandonnée
S'ouvre aux plaisirs si doux qu'épure l'hyménée,
Les seuls dont aujourd'hui je puisse encor jouir,
Et qu'au moins des tyrans ne peuvent nous ravir.
Mais j'aperçois Plautie.

## SCÈNE IV.

### ICILIUS, VIRGINIE, PLAUTIE, MÉNÈS, BARCÉ, DEUX FEMMES SUIVANTES.

PLAUTIE.

O toi ! fille si chère !
Vous, devenu mon fils, autre espoir de sa mère !
Tout est prêt : désormais rien ne peut différer
Le bonheur que pour vous j'aimais à préparer.
Il faut, pour l'achever sous les plus saints auspices,
Aux pieds des immortels en offrir les prémices.
Le temple vous attend : ces soins religieux
Vont à votre bonheur intéresser les dieux.
        (*A Icilius.*)                (*Montrant sa fille.*)
Votre affranchi Ménès et Barcé sa nourrice
Vous conduiront tous deux au lieu du sacrifice.
Moi, dans quelques instans, j'irai me joindre à vous,
Et remettre ma fille aux mains de son époux.

ICILIUS.

Notre félicité va vous être commune.
C'est au cœur d'une mère une idée importune,
Que de voir une enfant s'éloigner de ses bras :
Vous me donnez la vôtre et ne la perdez pas.
Non, aux yeux maternels elle n'est point ravie :
J'ai fixé près de vous ma demeure et ma vie.
Par les mêmes liens nous sommes tous unis,
Et, sans vous rien ôter, l'hymen vous donne un fils.

VIRGINIE, *à Plautie.*

Combien à mon amour cette espérance est chère !
J'aimerai mon époux sous les yeux de ma mère !
Jugez si cet espoir a droit de me charmer :
Il ajoute au plaisir que je sens à l'aimer.

PLAUTIE.

Prends garde qu'aux autels portant un juste hommage,
D'un si doux avenir la trop flatteuse image
Te fasse oublier Rome en présence des dieux.
        (*A tous deux.*)
Qu'ils entendent ce nom mêlé dans tous vos vœux.

Ah ! quand votre union sous leurs yeux se consomme,
Priez-les de finir l'esclavage de Rome.
Vous aimez la patrie, et ce grand sentiment
Jamais d'un cœur romain ne s'éloigne un moment.
Allez.

## SCÈNE V.

### PLAUTIE, *seule.*

Sois satisfait de mon obéissance,
Cher époux ! Quand mon cœur déplore ton absence,
Tes plus ardens souhaits vont du moins se remplir :
Tu presses cet hymen : ce jour va l'accomplir.
Enfin Icilius, appui de ta famille,
Adoré des Romains ainsi que de ta fille ;
Ce digne citoyen, de ton choix honoré,
Va recevoir le prix qu'il avait espéré.
Ton cœur à ses vertus dut cette préférence.
Tous deux vont être unis : puisse cette assurance
Adoucir le regret d'avoir armé ton bras
Pour servir malgré toi des oppresseurs ingrats !
Tes enfans sont heureux ; ton ame paternelle
Déjà de leur bonheur devance la nouvelle.
On va te la porter : désormais leur amour
Ne forme plus qu'un vœu, celui de ton retour.
Et quel moment encor ma tendresse présage !...

## SCÈNE VI.

### PLAUTIE, MÉNÈS.

#### MÉNÈS.

Ah ! madame !

#### PLAUTIE.

L'effroi se peint sur ton visage ;
Ménès !... Quoi donc !

#### MÉNÈS.

O crime ! ô comble de l'horreur !
Votre fille...

PLAUTIE.

Elle! eh bien?

MÉNÈS.

En sa noire fureur,
Un monstre, un artisan d'infames impostures
A sur elle à mes yeux porté ses mains impures.

PLAUTIE.

Et qui? grands dieux! Qui donc peut oser?...

MÉNÈS.

Claudius,
La nommant son esclave, invoquant Appius,
Veut malgré son époux...

PLAUTIE.

Je ne puis plus t'entendre.
Ma fille!... Viens, suis moi; je vole la défendre.

FIN DU PREMIER ACTE.

---

# ACTE II.

*(La scène, pendant cet acte et le suivant, est dans un portique du palais d'Appius : on voit au fond son tribunal. )*

## SCÈNE I^re.

### ICILIUS, VALÉRIUS.

ICILIUS.

C'EST vous, Valérius! Romain trop généreux,
Qu'attendez-vous de moi dans ces momens affreux?
Songez en quel état Virginie et sa mère...

VALÉRIUS.

Le coup qui les accable a frappé Rome entière.

Leur intérêt m'amène. On m'a dit qu'Appius
Seul et dans le secret écoute Claudius,
Tandis que votre épouse est auprès de Plautie :
Je sens toute l'horreur dont votre ame est remplie.
Pardonnez à mon zèle, à mon empressement.
Pour être instruit de tout j'ai saisi ce moment.
Quel est cet attentat qui nous couvre de honte?
Parlez : aux sénateurs je dois en rendre compte.

ICILIUS

Non, seigneur, l'imposture et la perversité
Par un coup plus hardi n'ont jamais éclaté.
D'une semblable audace il n'est aucun exemple.
Je suivais Virginie et marchais vers le temple.
Claudius tout-à-coup se présente à mes yeux.
Il m'arrête ; et d'un geste et d'un cri furieux :
« Rends-moi, rends-moi, dit-il, mon bien que je réclame.
« Cette esclave jamais ne peut être ta femme.
« Esclave, suivez-moi, » poursuit-il, et soudain
Lève sur Virginie une insolente main.
Je le saisis lui-même, enflammé de furie;
Le peuple nous entoure, et le traître s'écrie :
« Romains, secourez-moi : j'atteste devant vous
« La justice et les lois, qui sont faites pour tous.
« Je demande une esclave à son maître enlevée;
« Elle naquit chez moi, sa naissance est prouvée. »
Icilius s'oppose à de si justes droits.
« Devant le décemvir qu'on nous mène tous trois.
« Qu'il nous juge. » A ces mots, j'aperçois Virginie
Dans les bras de Barcé tombant évanouie.
Je l'appelle ; elle était sans voix, sans mouvement.
Peignez-vous mon état dans ce fatal moment;
Concevez, s'il se peut, cette épreuve cruelle.
Je m'adresse à Ménès, mon affranchi fidèle.
« Cours, lui dis-je, à Plautie apprends ce que tu vois. »
Il vole, lui dit tout, elle accourt à sa voix;
Virginie ouvre enfin les yeux à la lumière.
Je console, encourage et la fille et la mère.
Tout le peuple à grands cris les pressait avec moi
D'aller au tribunal, où sans doute la loi
Les vengerait bientôt de cet indigne outrage.

La foule à chaque instant croît sur notre passage,
Nous entraîne, nous porte au palais d'Appius.
Le décemvir paraît. A peine Claudius
A prononcé les mots de maître et d'esclavage,
La mère l'interrompt avec des cris de rage ;
Et Virginie en pleurs semble être à tout moment
Prête de succomber à son saisissement.
Appius, affectant quelque pitié pour elle,
Feint qu'il veut ménager l'oreille maternelle,
Appelle Claudius, reçoit loin de nos yeux
De ce lâche imposteur le récit odieux ;
Et tandis que ma main veut essuyer leurs larmes,
J'apprends que dans ces lieux, au bruit de tant d'alarmes,
Valérius m'attend près de ce tribunal,
Sous ce portique impie, aux Romains si fatal ;
Et sans doute son cœur, dont je dois tout attendre,
Contre l'oppression est prêt à nous défendre.

VALÉRIUS.

D'un outrage inoui surpris et révolté,
J'ai voulu que par vous il me fût attesté.
J'ai rejeté d'abord l'indigne calomnie
Dont on flétrit en vain le sort de Virginie :
Le sang qui l'a formée est pur comme son cœur.
Mais comment du complot concevoir la noirceur ?
Qui peut l'avoir ourdi ? comment ? sur quel indice ?
Croyez-vous qu'Appius en puisse être complice ?

ICILIUS.

En pouvez-vous douter ? Quoi ! ce vil Claudius,
Un citoyen sans nom, un client d'Appius,
Eût osé méditer cette fourbe insolente
S'il n'était l'instrument d'une main plus puissante ?
C'est celle d'Appius : j'en reconnais les coups.
Il me hait dès long-temps : son cœur fier et jaloux
Se ressouvient toujours avec quelle constance
J'ai contre lui du peuple armé la résistance,
Lorsque mon tribunat, de nos lois le soutien,
Humiliait en lui l'orgueil patricien.
Mais il ne suffit pas de repousser l'injure ;
Il faut, il faut punir le ministre parjure,

Aux passions d'un maître esclave assujetti.
En ce moment Ménès, par mon ordre parti ,
Vole vers notre camp ; et d'une telle offense
Bientôt Virginius vient demander vengeance.
Il faut que le coupable en ressente l'effet,
Et que le châtiment soit égal au forfait.

VALÉRIUS.

Appius à mes yeux est plus coupable encore,
Seigneur ; et le sénat, que son nom déshonore,
Quoiqu'un puissant parti l'ose encor soutenir ,
Ne voit plus qu'un tyran que nous devons punir.
Vous aviez mieux que moi connu son caractère;
Il a bravé nos lois , rebuté ma prière ;
Le sénat désormais le traite en ennemi.
Rompons , rompons le joug dont Rome a trop gémi.
Du palais d'Appius ici quelqu'un s'avance.
Je vais employer tout pour sauver l'innocence.

(Il sort.)

ICILIUS.

Courons leur annoncer. Mais que vois-je ?...

# SCÈNE II.

## ICILIUS, PLAUTIE, VIRGINIE.

PLAUTIE.

AH ! seigneur,

Arrachez-nous , hélas! de ce lieu plein d'horreur.
Tant d'audace long-temps sera-t-elle impunie?
Je frémis de l'état où je vois Virginie :
Ils la feront mourir.

ICILIUS.

Rassurez-vous , croyez

Que de si justes pleurs peuvent être essuyés ;
Et déjà , comme moi ressentant notre injure ,
Des secours du sénat Valérius m'assure.
Lui-même il est venu m'apporter cet espoir.
Croyez-vous qu'Appius , quel que soit son pouvoir ,
Outrageant à ce point la plus pure innocence ,

Ose de son client protéger l'insolence ?
            (*A Virginie.*)
Calmez-vous, chère épouse, il sera confondu.

#### VIRGINIE.

Eh ! voilà donc ce jour par l'amour attendu !
Hélas ! je le croyais le plus beau de ma vie.
Tristes pressentimens qui m'avez poursuivie !
Je n'osais les en croire : ils sont trop confirmés.

#### ICILIUS.

Ils seront démentis : je vis et vous m'aimez.
L'innocence a ses droits : l'amour et son courage
Vont bientôt loin de nous détourner cet orage.
Voici le décemvir, dissipez cet effroi.


# SCÈNE III.

### ICILIUS, PLAUTIE, VIRGINIE, APPIUS, SEPTIME, DEUX LICTEURS *au fond du théâtre.*

#### ICILIUS.

JUSQUES à quand, seigneur, la justice, la loi
Diffère-t-elle encor de punir l'imposture,
De venger hautement les droits de la nature ?
D'un mensonge hardi l'absurde atrocité
Pourrait-elle un moment tromper votre équité ?
Pourriez-vous balancer? Regardez Virginie ;
Voyez à la beauté tant de noblesse unie ;
Ce front où la vertu brille de tant d'attraits
D'une race servile offre-t-il quelques traits ?
Faut-il que plus long-temps devant vous il rougisse?
Une mère, un époux, vous demandent justice.

#### APPIUS.

Je la dois faire à tous ; et quoiqu'au fond du cœur
La pitié bien souvent condamne la rigueur,
Juge, comme la loi je dois être inflexible.
            (*A Plautie.*)
Vous avez vu pourtant qu'à votre état sensible,
Autant que je l'ai pu j'ai ménagé d'abord

De ce cœur maternel le douloureux transport ;
Que j'ai de Claudius, dont l'aspect vous offense,
A vous, à Virginie, épargné la présence.
L'intérêt que son sexe ajoute à ses malheurs
N'a pas même besoin du charme de ses pleurs.
Mais c'est le devoir seul qu'ici je considère.
Claudius a subi mon examen sévère.
J'allais, n'en doutez point, venger avec éclat,
Même sur mon client, cet étrange attentat.
Mais ( je vous porte, hélas ! de cruelles blessures !)
Il vient de me donner les preuves les plus sûres...

PLAUTIE.

Comment ?

VIRGINIE.

Qu'entends-je ! ô ciel !

ICILIUS.

Des preuves ! lui ! grands dieux !

APPIUS.

Des témoins non suspects, par de libres aveux,
Confirment son récit...

PLAUTIE.

Leur impudence extrême...

APPIUS.

De Virginie enfin la nourrice elle-même...

PLAUTIE.

Barcé !...

APPIUS.

Vient d'avouer l'échange criminel
Qui creusa sous vos pas ce piége si cruel.
Votre fille en ses bras par la mort fut frappée ;
Elle en offrit une autre à votre amour trompée,
De qui la mère alors servait chez Claudius.
Cette esclave a tout dit·

VIRGINIE.

Ma mère ! Icilius !

Est-il vrai ! que deviens-je ? O destinée affreuse !
Ai-je donc mérité d'être si malheureuse ?

PLAUTIE.

L'étonnement, l'horreur et la rage à la fois
Ont troublé ma raison, ont étouffé ma voix.
Quoi ! l'on ose... Ah ! ma fille !

VIRGINIE.

                        Hélas ! la suis-je encore ?

PLAUTIE.

Si tu l'es ! vainement des traîtres que j'abhorre,
Des monstres...

APPIUS.

            Votre amour veut en vain s'abuser ;
A de pareils témoins que peut-on opposer ?

PLAUTIE.

A l'audace du crime et de la calomnie
Ce que j'oppose, ô ciel !... mon cœur et Virginie,
Les cris du désespoir en mon ame élevés,
Et d'indignation tous mes sens soulevés ;
Ses larmes, mes transports, et ce grand caractère
Que la nature imprime aux douleurs d'une mère ;
Ce sentiment sublime, invincible, éternel,
Qui n'a jamais menti dans un cœur maternel.
Et que m'importe à moi qu'à force d'artifice,
On ait pu cimenter tout ce vil édifice
De mensonge, de fraude et de perversité ;
Qu'à force de bassesse et de cupidité,
Celle qui de son lait nourrit jadis ma fille
Porte aujourd'hui l'horreur au sein de ma famille ?
Dans un complot infame ils peuvent tous tremper ;
Tous on peut les séduire, ils peuvent tous tromper.
Mais moi ! mais moi ! jamais... je le sens, je suis mère :
C'est ma fille, c'est elle... Ah ! d'une enfant si chère
Dans mon sein déchiré je ressens les douleurs ;
Oui, c'est mon sang qui crie et répond à ses pleurs.
Et l'on pourrait douter !... Qu'ils paraissent, qu'ils vien-
      nent,
Ces monstres imposteurs ! qu'à mes yeux ils soutiennent

Les mensonges qu'en vain l'on pense garantir ;
Qu'ils bravent une mère et l'osent démentir.

APPIUS.

Madame, j'y consens : votre demande est juste.
C'est à ce tribunal, sous ce portique auguste,
Qu'Appius, exerçant le plus beau de ses droits,
Rend justice aux Romains gouvernés par ses lois ;
Et, dût leur équité vous devenir contraire,
D'un devoir si sacré rien ne peut me distraire.
Claudius comme vous a droit de m'en presser,
Madame ; il va paraître, et je vais prononcer.

ICILIUS.

(A Plautie, à part.)

Prononcer ! non, seigneur. Vous vous perdez, madame ;
C'est un complot formé, j'en reconnais la trame.

(A Appius.)

Laissez-moi lui parler. Quoi donc ! oubliez-vous
Que son père est absent et qu'il combat pour nous ?
Jugerez-vous la fille en l'absence du père ?
Un intérêt si grand commande qu'on diffère.
Que serait donc, grands dieux ! un citoyen romain,
Si, tandis que l'état ailleurs arme sa main,
On pouvait décider du sort de sa famille,
Déshonorer son sang et lui ravir sa fille ?
Sous ces lois qu'Appius nous vante à tout moment,
Serions-nous donc réduits à tant d'abaissement ?
Quoique sur Virginie on ose ici prétendre,
Qu'on appelle son père, il viendra la défendre.
Il est au mont Algide ; et, du péril instruit,
Il peut dans nos remparts entrer dès cette nuit.
C'est lui qui de sa fille est l'appui nécessaire,
Lui qui de Claudius est le juste adversaire ;
Lui qui peut le confondre, et percer d'un œil sûr
Les noires profondeurs de ce complot obscur,
Rassurer l'innocence et lui prêter des armes :
Et l'amour maternel, hélas ! n'a que des larmes.
Je parle au nom d'un père, et jure qu'aujourd'hui
Je ne souffrirai point qu'on prononce sans lui.

APPIUS.

Icilius oublie, en tenant ce langage,
Qu'il offense un pouvoir dont je sais faire usage,
Et que c'est à moi seul de régler à mon choix
L'instant de faire agir l'autorité des lois.
Mais puisqu'il est armé du nom que je révère,
Qu'il atteste les droits d'un citoyen, d'un père,
Ces droits dont les Romains m'ont fait le protecteur;
Autant il a voulu déployer de hauteur,
Autant je veux montrer d'égards et d'indulgence.
Oui, de Virginius j'attendrai la présence.
Quoique dès ce moment je sois assez instruit
Pour que de ces délais je n'espère aucun fruit,
On connaîtra du moins l'équité qui me guide.
Le chemin n'est pas long jusques au mont Algide.
          ( *Il lui parle bas au fond du théâtre.* )
Septime, écoutez-moi... Vous m'avez entendu :
Volez, et qu'à nos chefs cet ordre soit rendu.
          ( *Septime sort.* )
Jusque-là, Virginie ici sera gardée.

VIRGINIE.

Qui? moi! de tant d'horreurs en ces lieux obsédée,
Parmi mes ennemis demeurer plus long-temps !

ICILIUS.

Ce n'est donc point assez des affronts éclatans
Qu'a déjà trop soufferts la timide innocence?
Vous voulez voir ses pleurs ! Quelle injuste puissance
Défend à Virginie, en un jour si cruel,
De cacher ses douleurs sous le toit paternel?

PLAUTIE.

Ah! ma fille! jamais de mes bras enlevée...

APPIUS.

Non, d'un aspect si cher vous n'êtes point privée.
Mais la loi doit veiller aux intérêts de tous ;
Si j'en suspends l'effet et l'adoucis pour vous,
Je ne souffrirai point qu'Icilius me brave,
Qu'il puisse à Claudius dérober son esclave.
En un mot, je le veux ; et vous savez, je crois,

Qu'elle est en ce palais sous la garde des lois.

ICILIUS.

Sous la mienne du moins, sous celle de sa mère :
Virginie est à moi : j'en réponds à son père.

( *A Plautie.* )

Venez, venez, madame, et reprenez l'espoir ;
Fléchissez un moment sous l'appui du pouvoir.
Bientôt Virginius vole à votre défense :
Le crime, croyez-moi, doit craindre sa présence.
Songez que votre fille est toujours sous vos yeux ;

( *A Appius.* )

Et vous, qu'Icilius veille sur toutes deux.

## SCÈNE IV.

### APPIUS, *seul.*

( LICTEURS *dans le fond.* )

VA, tu n'as pas long-temps à t'en vanter encore,
Rival audacieux, ennemi que j'abhorre !
Vainement ton courroux attend Virginius.
J'ai fait passer au camp mes ordres absolus.
On va le retenir : dans la même journée,
Je verrai Virginie à mon joug enchaînée,
Mon amour triomphant, mon pouvoir affermi.

## SCÈNE V.

### APPIUS, SPURIUS.

( LICTEURS *dans le fond.* )

APPIUS.

APPROCHE, d'Appius le collègue et l'ami,
Fidèle Spurius : à mes vœux tout succède.
Encor quelques instans, et mon amour possède
Le seul bien qui manquait à ce cœur enflammé.
Ce cœur ambitieux, qui n'avait rien aimé,
Avec tant de fureur brûle pour Virginie,
Que sans elle je hais et mon rang et la vie.

Elle doit être à moi : Rome n'a point encor
Enfermé dans ses murs de plus rare trésor.
Ah ! pour rompre les nœuds de son hymen funeste,
Pour l'arracher ici des mains que je déteste ,
Toi seul le sais, combien ai-je tenté d'efforts,
Combien imaginé de piéges , de ressorts,
Cachant toujours la main qui devait les conduire !
L'amour peut tout oser, et l'or peut tout séduire.
Claudius et Barcé ne peuvent désormais
Revenir sur leurs pas sans se perdre à jamais;
Et leur fidélité , captive , assujettie ,
Par leurs propres périls m'est trop bien garantie.

SPURIUS.

Il est vrai ; mais l'horreur est dans tous les esprits,
Et peut-être , seigneur, on a trop entrepris.
C'est votre intérêt seul qui m'anime et m'éclaire ;
Vous connaissez pour vous mon dévoûment sincère.
Je vous dois tout : je sais que la main d'Appius
Au rang de décemvir a porté Spurius.
Revêtus d'un pouvoir dont Rome est effrayée,
Trop sûrs que leur fortune à la vôtre est liée,
Vos collègues en tout vous doivent leur appui.
Nos dangers sont communs , et je vois qu'aujourd'hui
Un si terrible éclat remplit les cœurs d'alarmes.
On s'intéresse au sort d'une famille en larmes :
On la plaint, on murmure...

APPIUS.

    Et tu crains les clameurs
D'une foule tremblante à l'aspect des licteurs !
Qu'importe un vain courroux qui ne peut nous atteindre?
Va , le peuple , sans chef, ne fut jamais à craindre.
L'autorité , la force est toute dans nos mains.
La loi, ce nom si grand, sacré chez les Romains,
Élève autour de nous un rempart qu'on révère.
Ah ! s'il n'en eût fallu respecter la barrière ,
Oui, malgré la hauteur d'un cœur tel que le mien,
Nourri de tout l'orgueil du sang patricien,
Appius eût flétri son rang et sa famille ,
Et d'un vil plébéien eût demandé la fille.

J'en rougis ; mais des lois le pouvoir souverain
Que le décemvirat a gravé sur l'airain,
Défendait cet hymen, et parmi nous condamne
Du peuple avec les grands l'alliance profane.
Je vis Icilius, ce tribun sourcilleux,
D'Appius en tout temps concurrent orgueilleux,
Dont Rome libre encore adora le génie,
Lui que je hais autant que j'aime Virginie,
Je le vis s'enivrant d'un triomphe assuré,
Prêt à ravir l'objet dans mon cœur adoré.
Je jurai de briser cette odieuse chaîne,
Et mon amour s'accrut attisé par la haine ;
D'autant plus furieux qu'il faut le renfermer,
Que même en ce moment, forcé de l'opprimer,
Je détournais mes yeux attirés par ses charmes,
Et sans cesse tremblais de regarder ses larmes.
Mais l'instant n'est pas loin où ce cœur déchiré
Est de tant de contrainte à jamais délivré.
Ce jour, ce jour passé, d'elle enfin je dispose ;
Elle est à mon client, et penses-tu qu'elle ose,
Esclave abandonnée aux fers de Claudius,
Opposer un refus à l'amour d'Appius ?

SPURIUS.

Je dois vous l'avouer, je crains surtout son père,
Cette austère fierté, ce mâle caractère.
Au bruit d'un tel danger que n'osera-t-il pas !

APPIUS.

Mes collègues au camp arrêteront ses pas.
Septime va porter cet ordre nécessaire.

SPURIUS.

Et croyez-vous, seigneur, qu'un si grand adversaire
Soit parmi les soldats moins à craindre pour nous ?
Le camp va retentir des cris de son courroux.
Quel pouvoir retiendrait la nature captive ?
La haine, autour de nous éveillée, attentive,
N'attend, vous le savez, que l'instant d'éclater.
Impatient du joug qu'il fit long-temps porter,
Le sénat, frémissant de colère et de honte,
Veut de notre pouvoir nous redemander compte.

Déjà les plus hardis, qu'il faudrait contenir,
Ont chez Valérius osé se réunir.

APPIUS.

Il a fait plus encore, et chez moi son audace
M'a tantôt du sénat apporté la menace.
Ce corps ambitieux, qui doit dans Appius
Haïr l'autorité que lui-même il n'a plus,
A cru devoir sur moi réclamer quelque empire,
Comme si j'ignorais l'intérêt qui l'inspire,
Comme si j'oubliais que son plus grand appui,
Mon père, fut jadis abandonné par lui.
Ce grand homme opprimé, cette illustre victime,
Qui devait en attendre un secours légitime,
Aux tribuns furieux vit soumettre son sort,
Et ne leur échappa qu'en se donnant la mort.
Ah ! je hais à la fois et ce sénat perfide,
Traître envers ses soutiens, de pouvoir seul avide,
Et d'un peuple inquiet l'indocile fureur :
Tous deux également ils me sont en horreur.
De leurs divisions ma grandeur est l'ouvrage.
Ils se sont imposé le joug de l'esclavage ;
Ils m'ont mis dans mon rang : je m'y dois maintenir ;
S'ils n'ont su commander, qu'ils sachent obéir.
Leur haine me menace, et la mienne les brave.
Il faut être, crois-moi, leur maître ou leur esclave :
Mon cœur sur un tel choix n'a jamais hésité.
Non, je ne perdrai pas ce qui m'a tant coûté.
La vengeance, l'amour, l'empire et Virginie,
Voilà les droits, les biens où j'attache ma vie ;
Et si tu me connais, ami, peux-tu penser
Que jamais Appius y puisse renoncer ?


FIN DU DEUXIÈME ACTE.

# ACTE III.

## SCÈNE Iʳᵉ.

### ICILIUS, *seul.*

Oui, je l'ai demêlé ce cœur sombre et féroce ;
Oui, l'amour y domine et le rend plus atroce.
Peut-être à d'autres yeux il pouvait échapper ;
Mais les yeux d'un amant ne sauraient s'y tromper.
J'ai tout vu ; j'ai surpris ses secrets dans son ame.
Voilà, voilà le nœud de cette horrible trame.
Ces témoins subornés, par avance séduits,
Ces mystères du crime avec tant d'art conduits,
Sont de la passion le ténébreux ouvrage ;
Elle croit, unissant l'artifice à la rage,
Se cacher dans la nuit de ses affreux projets :
L'amour au cœur d'un monstre enfante les forfaits.
Il faut déconcerter les ressorts qu'il invente,
Apporter dans cette ame un jour qui l'épouvante.
En vain à tous les yeux il se croit dérobé,
Et le crime frémit quand son masque est tombé.
Le péril est pressant, l'attentat est horrible :
Il faut risquer ici l'éclat le plus terrible.
Peut-être qu'aux Romains, trop lents à s'émouvoir,
Ce jour va révéler leurs droits et leur devoir,
Au décemvir sa honte et son ignominie.
Il nous croit subjugués par son puissant génie ;
Législateur superbe, il pense qu'aujourd'hui
Le respect pour ses lois s'étendra jusqu'à lui.
Qu'il apprenne de moi la vérité sévère,
Et ce que Rome pense, et ce qu'elle peut faire.
Je puis périr sans doute en osant le braver :
Mais c'est en risquant tout que l'on peut tout sauver.
Nature, hymen, amour, ô droits sacrés de l'homme !
O sainte liberté, divinité de Rome !
Vous remplissez ce cœur, incapable d'effroi ;
Et je sens qu'Appius peut trembler devant moi.
Mais le voici.

## SCÈNE II.

### ICILIUS, APPIUS, SPURIUS.

LICTEURS *au fond du théâtre.*

APPIUS, *à Spurius, dans l'enfoncement.*

Tu vois la fureur qui l'agite.
Je veux en l'écoutant juger ce qu'il médite.
La bouillante colère est prompte à se trahir ;
Laissons-la s'exhaler, afin de la punir.
Laisse-nous.

( *Spurius sort.* )

ICILIUS, *à part.*

Quel orgueil est peint sur son visage !

APPIUS.

Eh bien ! de mon pouvoir quand je suspends l'usage ,
Qu'est-ce qu'Icilius peut encore espérer ?
Quelle grace nouvelle ose-t-il implorer ?

ICILIUS.

Une grace ! Ce mot est fait pour le coupable ,
Et non pour un Romain à vos yeux respectable ,
Un magistrat chéri de ses concitoyens ,
Qui sut venger leurs droits et soutiendra les siens.

APPIUS.

Je vois qu'Icilius, que le joug importune ,
Croit encore tonner du haut de la tribune ;
Qu'il voudrait être encor ce tribun factieux ,
De la division moteur séditieux ,
Puissant par la discorde et grand par l'anarchie ,
Dont, graces à nos lois, Rome s'est affranchie ;
Qu'il voit d'un œil jaloux le bien qu'il n'a pas fait :
Mais Rome, malgré lui, nous doit ce grand bienfait
De l'ordre rétabli, de l'union publique...

ICILIUS.

Laissez de ces grands noms le faste chimérique ,
Ici bien vainement à toute heure étalé :

15

Les mots ne sont plus rien, quand les faits ont parlé.
Et qu'est-ce donc enfin que les lois les plus belles,
Si le législateur se met au-dessus d'elles ?
O fruit de vos travaux, bien précieux, bien doux !
Pour nous l'obéissance, et l'empire pour vous.
Croyez-vous de ses droits Rome si mal instruite,
Et dans tous les esprits la vérité détruite ?
Croit-on l'anéantir en étouffant sa voix ?
Non, elle parle encore et crie au nom des lois ;
Elles ne seront pas vainement invoquées.
Pour vous comme pour nous les limites marquées
Sont le rempart sacré, sont l'écueil éternel
Où viendra se briser tout pouvoir criminel.
Aveugles décemvirs ! que votre ame est trompée !
Quelle place en nos cœurs vous auriez occupée,
Si, lorsque votre ouvrage à son terme est venu,
Contens de cet honneur par vos soins obtenu,
Contens d'avoir assis sur un juste équilibre
Les pouvoirs partagés, ressorts d'un état libre,
Vous eussiez, déposant la pompe des faisceaux,
Descendu noblement au rang de vos égaux,
Sans prétendre de nous un plus digne salaire
Que d'obéir aux lois que vous veniez de faire !
Qu'alors vous étiez chers à nos concitoyens !
Que vous deveniez grands à leurs yeux comme aux miens !
Combien votre mémoire eût été révérée !
Mais ces touchans attraits d'une gloire épurée
Au despotique orgueil sont trop indifférens ;
Ce sont là des plaisirs inconnus aux tyrans.

APPIUS.

Quoi ! nous aurions compté sur la reconnaissance
D'un peuple que toujours trompa son inconstance ;
Qui chérit ses flatteurs et qui hait son appui ;
Qu'enfin l'on est forcé de servir malgré lui !
Les salutaires lois que nous avons dictées
Ne pouvaient que par nous être bien cimentées.
Quand il en sera temps, nous saurons renoncer
A cette autorité qu'il nous faut exercer.
Ses effets jusqu'ici n'ont rien dont je rougisse :

Partout règne le calme ; et la paix protectrice ,
Pour la première fois , habite en nos remparts.
Rome enfin a cessé de voir le champ de Mars ,
De la sédition tumultueux théâtre,
Étaler des partis la lutte oppiniâtre.
Il fallait terminer ces débats odieux.

ICILIUS.

Des oppresseurs adroits langage insidieux ,
Qui ne séduit que trop la faiblesse indolente !
La liberté, sans doute, est souvent turbulente :
C'est en la disputant qu'on peut la maintenir.
Un sujet a tout fait quand il sait obéir ;
Il suffit d'être vil pour savoir être esclave :
Le citoyen doit être et vigilant et brave.
Tout s'achète en un mot ; et le plus précieux ,
Le plus cher des présens que nous ont faits les dieux,
La liberté, toujours aux peuples enviée ,
Pourrait de quelques soins paraître trop payée !
Il faudra des tyrans en croire les discours !
Qui ne les connaît pas ? Ils appellent toujours
Du nom d'ordre et de paix l'autorité sans borne ,
Le dévouement muet, la servitude morne ,
Et décorent ainsi des titres les plus beaux
Le silence des morts et la paix des tombeaux.
Cette paix cependant peut les tromper eux-mêmes :
Tranquilles, et du haut de leurs grandeurs suprêmes,
Croyant éterniser un stupide sommeil ,
Ils ne pressentent pas le moment du réveil.
Ce réveil, c'est la foudre.

APPIUS.

Et l'on croit sur nos têtes
Faire éclater bientôt ces soudaines tempêtes ?...
J'entends : Icilius daigne enfin m'avertir
Des dangers dont ici l'on veut nous investir.
Il vient sur Appius essayer la menace.
J'ignore quel espoir peut fonder tant d'audace ;
Je lui dirai pourtant, pour prix de ses conseils,
Que nous ne redoutons ni lui ni ses pareils ;
Qu'à respecter nos droits s'il ne peut se contraindre ,

Il en est un du moins que peut-être il doit craindre,
La force; et contre lui justement exercé...

ICILIUS.

La force n'est un droit qu'aux yeux de l'insensé,
Qui ne se souvient pas qu'en suivant sa maxime
On peut du même droit le rendre la victime.
La force!... et qui t'a dit que tu l'aurais toujours?
Que dis-je? est-elle à toi? Compte tous les secours
Qui fondent un moment cette force empruntée :
C'est pour un autre emploi qu'elle te fut prêtée.
Ce sont les bras d'autrui qui te font tout-puissant;
Tu diriges d'un mot leur glaive obéissant;
A leur devoir encore ils pensent satisfaire;
Mais qu'ils ouvrent les yeux, qu'un moment les éclaire,
Et l'oppresseur si fier va voir au même instant
Sa solitude affreuse, ou plutôt son néant.
Ce maître impérieux n'est plus qu'un vil coupable;
Il invoquait la force, et la force l'accable;
D'autant plus malheureux, quand son règne est passé,
Que sur son propre sort lui-même a prononcé,
Que rien en sa faveur ne peut se faire entendre,
Et qu'à la pitié même il ne peut plus prétendre.
La vengeance publique insulte à son trépas;
Et mourant dans la fange on ne le plaindra pas.
Voilà ce qu'est la force : apprends qu'il n'en est qu'une
A l'abri des revers : la volonté commune.
C'est elle qui peut tout sous le saint nom de loi,
Qui fait les magistrats, qui légitime un roi.
Son principe est sacré : c'est la justice même,
Qu'au fond de tous les cœurs grava l'être suprême.
Elle unit les mortels, tous égaux à ses yeux :
L'erreur fit les tyrans, et la loi vient des cieux.

APPIUS.

J'ai voulu jusqu'au bout me forcer à t'entendre,
Et voir enfin de toi ce que je dois attendre.
C'est assez, et ton cœur a parlé sans détour.
Je le croyais rempli des soins de son amour;
J'ai cru que le péril qui devant moi t'amène
Devait seul..

ICILIUS.

          Va, jamais dans une ame romaine
De l'amour, de l'hymen, le plus tendre lien
Ne peut faire oublier les droits de citoyen.
Tous ces nœuds réunis forment la même chaîne;
Ils sont de mes devoirs la règle souveraine ;
Et je viens en leur nom dévoiler la noirceur
D'un traître, de nos droits criminel oppresseur,
Qui, s'armant contre nous des traits de l'imposture,
Outrage impunément l'hymen et la nature.

APPIUS.

Un trop grand intérêt doit vous rendre suspect.
Un amant emporté, qui, même à mon aspect,
Veut résister aux lois, alors qu'on les réclame.
Et contre Claudius...

ICILIUS.

          Qui ? cet agent infame,
Du plus lâche complot le plus lâche instrument,
Et trop indigne objet de mon ressentiment ?
Non, ce n'est pas à lui que mon courroux s'adresse.
Je l'aperçois à peine au sein de sa bassesse.
Mais je distingue ailleurs dans un projet si noir
Non moins de perfidie et bien plus de pouvoir.
Je sais tout, je vois tout : la main qui nous accable,
L'attentat que l'on ose est d'un plus grand coupable.
D'un ennemi puissant qui veut cacher ses coups,
Que je puis démasquer : un autre...

APPIUS.

                    Et qui donc ?

ICILIUS.

                         Vous ;
Vous, qui conduisant seul cette trame impunie,
Du plus honteux amour brûlez pour Virginie.

          APPIUS, *troublé.*

Moi !

ICILIUS.

Vous-même; et ce front, où se peint la terreur,

Où la confusion se mêle à la fureur,
Ce front qui vous accuse, et même ce silence
Commandé par le trouble et par la conscience,
Tous ces aveux muets ont trop manifesté
Le crime qui rougit devant la vérité.

APPIUS.

J'ai dû rougir du moins de cet indigne outrage,
De l'excès où s'emporte une insolente rage
Qu'une prompte justice eût déjà su punir,
Si je n'avais encor daigné me souvenir
Que cet Icilius, qui se rend si coupable,
Fut long-temps revêtu d'un titre inviolable.
Sans ce dernier égard, qui coûte à ma fierté,
Il eût senti le poids de mon autorité.
Son audace l'irrite, et ma bonté l'enchaîne.
Qu'il juge à cet effort, malgré toute sa haine,
Si l'absolu pouvoir déposé dans ma main
Sait encor révérer les droits du nom romain ;
Et que, de ses transports domptant la violence,
Il respecte dans moi les lois et leur puissance.

ICILIUS.

Vous attestez les lois, vous qui les profanez !
Qui malgré Rome entière aujourd'hui retenez
Un pouvoir dont ces lois ont borné la durée !
Une juste puissance à mes yeux est sacrée.
La vôtre ne l'est plus, la vôtre a dû finir ;
Elle peut opprimer et ne saurait punir.

APPIUS.

Elle peut à l'instant assurer ma vengeance ;
Je sais la rendre au moins terrible à qui m'offense.
Craignez-en les effets.

ICILIUS.

       J'ose en braver les coups.
Je suis Romain : ici je ne vois plus en vous
Qu'Appius ravisseur, Appius sacrilége,
Complice détesté d'un fourbe qu'il protége.

APPIUS.

C'en est trop, téméraire, et bientôt dans les fers...

ICILIUS.

Comble sur moi l'horreur de tes complots pervers,
Appelle contre moi tes lâches satellites ;
Mais toi-même...

APPIUS.

               Je sais tout ce que tu médites.
Je sais trop que ta haine et ton ambition
Ne respirent que trouble et que sédition.
Mais je te préviendrai, je me ferai justice :
Tu l'as trop mérité. Licteurs, qu'on le saisisse,
Lui-même, Icilius.

          ICILIUS. ( *Les licteurs l'environnent.* )
               Et c'est où je t'attends.
Montre-toi tout entier, Appius ; il est temps
De montrer aux Romains tout ce qu'on leur prépare,
Et de les révolter contre un joug si barbare.
Ils sauront mettre un terme à tant d'impunité.
Si Lucrèce aux Romains rendit la liberté,
Les fers d'Icilius, L'affront de Virginie,
Pourront des décemvirs finir la tyrannie.
                              ( *Il sort.* )

APPIUS.

Allez, qu'à la prison l'on entraîne ses pas.


# SCÈNE III.

## APPIUS, *seul.*

DE tes emportemens je crains peu les éclats.
Sois sûr que ta fureur à toi seul est funeste.
Je perdrai le rival que mon amour déteste.
Cet amour dans mon cœur me demandait ta mort ;
Tu m'en as fait rougir : c'est l'arrêt de ton sort.
La prison et la nuit couvriront ma vengeance.
Qu'un exemple effrayant cimente ma puissance,
Et que les plus hardis tremblent de m'irriter.

## SCÈNE IV.

### APPIUS, PLAUTIE.

#### PLAUTIE.

Qu'ai-je appris? qu'ai-je vu? qu'ose-t-on attenter?
Icilius aux fers! ta cruauté jalouse
Enchaîne un citoyen réclamant son épouse,
Un Romain, un tribun justement révéré,
Et dont le caractère en ces murs fut sacré!
Ma fille, dans les bras de ses femmes tremblantes,
En vain élève au ciel ses plaintes innocentes.
Son époux à mes yeux traîné par les licteurs...

#### APPIUS.

Je devais réprimer ses coupables hauteurs;
Et menacé par lui d'une révolte ouverte...

#### PLAUTIE.

Ah! de tous tes desseins la trame est découverte.
Lui-même m'a tout dit et tout est pénétré.
Tu pensais, sous l'abri d'un pouvoir abhorré,
Déshonorer ma fille et consommer ton crime,
D'un détestable amour la rendre la victime;
Et mon cœur, soulevé de cet excès d'horreur,
A droit de t'accabler de toute sa fureur.
Je veux, à tous les yeux montrant ton ame impure,
Effrayer un tyran des cris de la nature.

#### APPIUS.

Appius contre vous dédaigne de sévir,
Madame; mais songez...

#### PLAUTIE.

　　　　　　　Prends garde, décemvir.
Tu n'as pas bien connu le pas où tu t'engages.
Attaquer dans nos bras de si précieux gages,
Ces droits si chers du sang et de l'humanité,
Tyran, c'est nous ravir plus que la liberté.
Rome a pu trop long-temps voir la sienne asservie,
Voir sous un joug affreux nos biens et notre vie:

Mais qu'au moins sous tes lois, qui nous ont tout ôté,
L'innocence, l'honneur, puisse être en sûreté ;
Ou ce peuple guerrier qu'enferment ces murailles,
Quiconque a des enfans, un cœur et des entrailles,
Devient ton ennemi dans de périls si grands,
Et la nature encor peut plus que les tyrans.

APPIUS.

Eh bien ! jusqu'à ce point ma puissance offensée...

# SCÈNE V.

## APPIUS, PLAUTIE, LE CHEF DES LICTEURS.

LE CHEF DES LICTEURS.

SEIGNEUR, d'Icilius la prison est forcée.
Le peuple, lui formant de nombreux défenseurs,
A brisé les faisceaux, repoussé les licteurs.
Il a fallu céder à cette aveugls rage.
Le tumulte s'accroît ; et si dans cet orage
Vous n'opposez la force aux mutins enhardis,
Bientôt les décemvirs cessent d'être obéis.

APPIUS.

J'ai de quoi réprimer une foule rebelle ,
Et je n'ai point appris à trembler devant elle.
Je vais dans un moment, malgré ces vains complots ,
D'un courroux passager faire tomber les flots.
Qu'à ta voix nos soldats viennent ici se rendre ;
Va , que du Capitole on les fasse descendre ;
Et je leur porterai mes ordres absolus.
Les Romains mutinés connaîtront Appius.
Va.

( Le chef des licteurs sort. )

PLAUTIE.

Tourne contre nous, au gré de ta furie ,
Les glaives destinés à servir la patrie.
Impose par la force aux Romains étonnés ,
Et poursuis jusqu'au bout tes projets forcenés.
Le ciel les confondra : va, j'attends sa vengeance ;
Ou s'il pouvait jamais, trompant mon espécance ,

Abandonner ma fille à tes noirs attentats,
Il faut auparavant m'immoler dans ses bras.

(*Elle sort.*)

## SCÈNE VI.

### APPIUS, *seul.*

Moi, je redouterais une foule inconstante
Que toujours du pouvoir l'appareil épouvante,
Et dont l'ardeur s'exhale en éclats d'un moment!
Odieux ennemi, non, Rome vainement
S'oppose à ma fureur à te perdre animée :
Ma haine en est plus forte et sera mieux armée.
On fait en ta faveur un inutile effort.
Qui brave les faisceaux, craint le fer et la mort :
Je sens à tout moment dans cette ame ulcérée
S'accroître les fureurs dont elle est dévorée.
Le jour fuit, et déjà de ses voiles obscurs
La nuit..

## SCÈNE VII.

### APPIUS, SPURIUS.

#### SPURIUS.

Virginius revole vers ces murs.
Septime près du camp l'a trouvé sur sa route.

#### APPIUS.

Mon ordre...

#### SPURIUS.

Un autre avis l'a prévenu, sans doute.
Septime est revenu pour vous en avertir.
Appius à me croire aurait pu consentir.
Il eût pu ce matin détourner la tempête
Que chaque instant amasse et grossit sur sa tête.
Contre tant d'ennemis...

#### APPIUS.

Je pourrais lui céder!

Quiconque peut fléchir ne sait pas commander.

SPURIUS.

Le danger doit du moins conseiller la prudence.
Vous voyez de ce peuple où va la violence.
La crainte, le respect, ne le retiennent plus ;
Et, fier d'avoir brisé les fers d'Icilius ,
Plus fort sous un tel chef, il éclate, il menace.
Jusque dans ce palais peut-être son audace
Eût porté la révolte et la sédition,
Sans la terreur qu'à Rome inspire votre nom.
Mais qui sait si ce frein peut long-temps les contraindre ?
Le sénat ennemi, pour nous non moins à craindre,
Trop jaloux d'un pouvoir qu'il voudrait ébranler,
Au temple de Vesta parle de s'assembler.
Prévenez ses desseins, tout vous en sollicite.
Ordonnez ; Claudius renonce à sa poursuite,
Et, s'avouant trompé, ne s'obstinera pas...

APPIUS.

Après ce que j'ai fait, moi, reculer d'un pas !
Qui ? moi ? voir triompher le rival qui m'outrage !
Ah ! cette seule idée a redoublé ma rage.
L'obstacle, le péril ne sert qu'à l'irriter.
Au cours de nos destins laissons-nous emporter.
Ne t'exagère plus une crainte frivole.
Viens : ce corps de soldats qui veille au Capitole,
Descendu dans la ville, y portera l'effroi.
Marchons au-devant d'eux ; viens, te dis-je, suis-moi.
Préparons tout : je veux, au retour de l'aurore,
Je veux sur l'ennemi qui me résiste encore
Assouvir un courroux que l'on prend soin d'aigrir ,
Lui ravir ce que j'aime, et régner ou périr.


FIN DU TROISIÈME ACTE.

# ACTE IV.

*La scène est, comme au premier acte, dans la maison*
*de Virginius, et se passe dans la nuit.*

## SCÈNE I<sup>re</sup>.

**ICILIUS, PLAUTIE,** *portant* **VIRGINIE** *entre*
*leurs bras : ( elle est évanouie. On la pose sur un*
*siége.)* FEMMES SUIVANTES, ROMAINS, ESCLAVES *avec*
*des flambeaux.*

PLAUTIE.

Ah! ma fille! ah! grands dieux! ma chère Virginie!
Entends, entends ma voix, et reviens à la vie.

ICILIUS.

Ses sens de tant d'effroi sont encore saisis.
( Aux Romains. )
Nos soins vont la calmer. O généreux amis!
Quels droits n'avez-vous pas à ma reconnaissance!
Votre zèle intrépide a pris notre défense.
Virginie, arrachée à ce lieu criminel,
Retrouve, grace à vous, le foyer paternel.
Mais vous voyez, hélas! quel trouble la déchire.
Allez; de tant d'assauts souffrez qu'elle respire,
Qu'elle revienne enfin de son saisissement :
Près d'elle nos secours s'empressent vainement
Si ce tumulte affreux, dans l'horreur qui la presse,
Effrayait plus long-temps sa timide faiblesse.
Nos malheurs sont des droits à vos bienfaits nouveaux.
( Ils se retirent. )
J'ose encore y compter. Écartez ces flambeaux ;
( Ils s'éloignent. )
Esclaves, laissez-nous. Virginie!... Ah! madame!
Tant de coups redoublés ont accablé son ame....
Mais j'aperçois Ménès, et les dieux l'ont conduit.

## SCÈNE II.

ICILIUS, PLAUTIE, VIRGINIE, FEMMES SUI-
VANTES, MÉNÈS, *et un moment après* VIRGINIUS
*en habit de guerre.*

MÉNÈS.

Ils nous ont exaucés : Virginius me suit.

PLAUTIE.

Mon époux ! ah ! reviens, viens secourir ta fille :

VIRGINIUS.

En quel état, ô ciel ! je revois ma famille !
Virginie !

VIRGINIE, *revenant à elle par degrés. Elle aperçoit son
père, pousse un cri et se jette dans ses bras.*

Ah !... mon père ! est-il vrai ? Juste ciel !

PLAUTIE.

Chère enfant, sors enfin de ce trouble mortel.

VIRGINIUS.

Ma fille !

VIRGINIE.

Rappelez ma raison confondue.
Mon père, quel pouvoir à vos bras m'a rendue ?
Qui m'a pu dérober à tant d'objets affreux ?
Hélas ! je crois sortir d'un songe douloureux.

ICILIUS.

De ce palais impur mon bras t'a retirée.

VIRGINIE.

Icilius, c'est toi, toi qui m'as délivrée !
Ne reverrai-je plus ces farouches licteurs,
Ces ennemis pervers, ces monstres imposteurs,
Ce traître Claudius, ce tribunal horrible,
Cet Appius encore à mes yeux plus terrible ?

VIRGINIUS.

Tu vois Virginius ; tu vois ton père.

VIRGINIE.

Hélas !

Que cet instant m'est doux ! serrez-moi dans vos bras ;
Pressez sur votre sein ce cœur tendre et fidèle,
Sentez-le palpiter sous la main paternelle.
Et savez-vous quels maux dans ce cœur désolé...

VIRGINIUS.

Ménès m'a tout appris : j'ai couru, j'ai volé.
Je rentrais dans ces murs, tout plein de mon outrage,
Tout ce qui devant moi s'offre sur mon passage
Me frappe à chaque instant d'une nouvelle horreur.
La nuit qui m'environne augmente ma terreur.
Un bruit tumultueux, les flambeaux et les armes,
Le désordre, les cris, le trouble et les alarmes,
Me suivent dans ces lieux, au pied de ces autels,
Au sein de mes foyers, où les dieux immortels
Attendaient les sermens du plus saint hyménée.
Hier, hier encor, j'ai cru cette journée
Celle de ton bonheur, de ma félicité ;
Et pour premier objet à mes yeux présenté
Je revois dans les pleurs une fille si chère,
Et prête à succomber dans les bras de sa mère!
Suis-je dans Rome, ô ciel ! et suis-je encor Romain ?
Est-ce là notre sort ? Quoi! tandis que ma main
Contre nos ennemis combat pour la patrie,
De cet affront sanglant ma famille est flétrie!
Qui donc peut le souffrir ? et quels cœurs assez bas
Sans indignation verraient ces attentats ?

PLAUTIE.

En est-il qu'Appius aujourd'hui ne médite ?
La coupable Barcé, par ses présens séduite,
A son indigne amour ce Claudius vendu...

VIRGINIUS.

Qu'entends-je? à chaque mot je reste confondu.
Tu t'es trompé, tyran : la rage qui t'anime,
Avant de triompher, me prendra pour victime.
Tu ne sais pas encor quel est Virginius ;
Et certes les Romains me sont bien mal connus
Si l'on tolère en toi l'infame tyrannie,
Qui jadis dans Tarquin ne fut pas impunie.
Oui, quoique dans ces murs nos bras soient désarmés,

La vengeance est une arme au cœur des opprimés.
L'excès des attentats en est souvent le terme.

ICILIUS.

Je vois que dans son sein Rome du moins renferme
De braves citoyens ennemis des pervers ;
Ils ont pris ma querelle , ils ont brisé mes fers,
Ces fers dont aujourd'hui l'ennemi qui m'opprime
Crut devoir me charger pour consommer son crime.
De cette liberté mon amour s'est servi ;
Et tandis qu'Appius, de peu des siens suivi,
Allait au capitole assembler ses cohortes ,
Nous marchons au palais, j'en enfonce les portes ;
Je cours à Virginie , et d'un bras furieux
Je l'arrache aux licteurs : hélas ! ses tristes yeux,
Dans ce terrible instant fermés à la lumière ,
Se sont rouverts enfin, et pour revoir un père.
Ne croyez pas pourtant le péril écarté.
Le féroce Appius , de sa honte irrité ,
Des dernières horreurs , sans doute , nous menace :
Sachons quels nouveaux coups prépare son audace.
Je vais m'en assurer , et veux dans un moment
Vous informer moi-même...

VIRGINIE.

                    Où vas-tu, cher amant ?
Je frémis des dangers où ton amour t'expose.
Connais-tu le tyran ? sais-tu tout ce qu'il ose ?
Sais-tu contre tes jours ce qu'il peut attenter ,
Que la nuit couvrira les coups qu'il peut porter ?
Et tu peux t'éloigner ! et malgré ma prière...

ICILIUS.

Votre époux sans effroi vous laisse avec un père.
Je crains peu pour ma vie : hélas ! elle est à vous.
L'orage suspendu gronde toujours sur nous.
Voyons ce qu'Appius peut encore entreprendre,
Ce que font nos amis, s'ils peuvent nous défendre.
Je vous quitte, il le faut, et revole en ces lieux.
Toi, Ménès , suis mes pas.

                    ( *Il sort.* )

## SCÈNE III.

VIRGINIUS, PLAUTIE, VIRGINIE, FEMMES
SUIVANTES.

VIRGINIE.

PROTÉGEZ-LE, grands dieux !
Dieux ! vous avez voulu dans mon malheur extrême
Entraîner à la fois tout ce que mon cœur aime.
Ah ! le temps n'est pas loin où j'eus cette douceur
De voir tous ce que j'aime heureux de mon bonheur.
Un jour a tout détruit ; et dans cette demeure
C'est pour moi qu'on frémit, c'est sur moi que l'on pleure :
Quel changement ! le sort, à ma perte obstiné,
Pour en être témoin vous a-t-il ramené ?
Serait-ce donc en vain que j'ai revu mon père ?

PLAUTIE.

Non, je ne puis penser qu'Appius persévère
Dans l'horrible projet qu'il croyait achever.
Il voit nos citoyens, prompts à se soulever,
De son autorité renverser la barrière :
Voudra-t-il contre lui révolter Rome entière ?
      ( à *Virginius.* )
Vous ne répondez rien, et muet de douleur..

VIRGINIUS.

Ma douleur, qui se tait, est toute dans mon cœur.
Ce cœur trop indigné souffre dans le silence ;
De ses propres transports il craint la violence.
O braves compagnons, qui m'avez vu cent fois
Prodiguer tout mon sang pour Rome et pour ses lois !
Vous qui me chérissez, si du moins à cette heure
Vos yeux pouvaient percer dans ma triste demeure ;
S'ils voyaient les horreurs de cette affreuse nuit ;
Les victimes, ô ciel ! qu'Appius y poursuit ;
Et tout ce que le crime y fait naître d'alarmes,
Ce que la tyrannie y fait verser de larmes...
Ils ne le savent pas : de mes revers honteux
Le premier bruit à peine a retenti vers eux.

Ils le sauront, sans doute... Eh! qu'importe! le crime
Précipite ses coups, me frappe et nous opprime.
La justice des dieux trop tard, trop tard, hélas!
Vient venger l'innocence et ne la sauve pas.

PLAUTIE.

Ils ne trahiront pas une cause si chère.

# SCÈNE IV.

## VIRGINIUS, PLAUTIE, VIRGINIE, ICILIUS, MÉNÈS, FEMMES SUIVANTES.

PLAUTIE.

Eh bien! Icilius, que faut-il que j'espère?

ICILIUS.

Nos malheurs sont au comble et ne laissent plus voir
D'autre secours pour nous que notre désespoir.
Appius désormais dans Rome est le seul maître.

VIRGINIE.

O ciel!

PLAUTIE.

Lui!

ICILIUS.

Les soldats aux ordres de ce traître,
Du haut du capitole à sa voix descendus,
Se sont de tous côtés dans nos murs répandus.
Le peuple est consterné, l'épouvante le glace.
Tout se tait, tout a fui le glaive qui menace.
Nos plus braves amis, par la crainte enchaînés,
Eux-même en gémissant nous ont abandonnés.
Furieux, implacable, et fier de sa puissance,
Appius hautement annonce la vengeance,
Respire les forfaits et s'apprête à ravir
Le fruit...

## SCÈNE V.

VIRGINIUS, PLAUTIE, ICILIUS, VIRGINIE,
MÉNÈS, LE CHEF DES LICTEURS, FEMMES SUIVANTES.

LE CHEF DES LICTEURS.

J'apporte ici l'ordre du décemvir.
Les lois arment sa main pour confondre l'audace.
Dès qu'au jour renaissant la nuit aura fait place,
Devant son tribunal il cite Claudius,
Virginie et sa mère, et vous, Virginius ;
Il vous attend : gardez qu'une nouvelle offense
Ne l'oblige à lever le bras de la vengeance.
Si l'on osait encor méconnaître ses droits,
La force peut dompter ceux qui bravent les lois.
( Il sort. )

## SCÈNE VI.

VIRGINIUS, PLAUTIE, ICILIUS, VIRGINIE,
MÉNÈS, FEMMES SUIVANTES.

PLAUTIE.

Quoi ! devant ce tyran que la vertu redoute,
A ce vil tribunal!....

VIRGINIUS.

J'irai, j'irai, sans doute :
Je vous y conduirai.

VIRGINIE.

Que dites-vous ? ô cieux !
Moi soutenir l'aspect de ce monstre odieux !

PLAUTIE.

Lui qui poursuit sa proie, et de qui l'ame altière,
Brûlant pour Virginie...

VIRGINIUS.

Il n'a pas vu son père ;
Et, quelque emportement qu'il nous ose annoncer,
C'est devant moi du moins qu'il faudra prononcer.

ICILIUS.

Est-il pour un tyran quelque droit respectable?
Pensez-vous que ce cœur farouche, impitoyable,
Soit, même à votre aspect, de remords combattu?
Ah! l'injustice armée insulte à la vertu.
Non, n'abandonnons pas ce lieu qui nous rassemble :
Notre plus doux espoir est de périr ensemble.
Voyons si jusqu'ici ses barbares soldats
Oseront apporter le fer et le trépas,
Profaner cet asile, et d'un bras sacrilége
Violer ces autels dont l'aspect nous protége.

PLAUTIE.

C'est notre seul recours, c'est le dernier, hélas!
Seigneur, ma fille et moi nous mourrons dans vos bras.

VIRGINIE.

Je n'implore et n'attends que cette seule grace.
        (*Elle tombe à genoux auprès de l'autel.*)
Par cet autel sacré que devant vous j'embrasse,
Par ces festons, garants d'un sort moins inhumain,
Que pour un autre usage assembla cette main;
Ces ornemens d'hymen, pour moi si pleins de charmes,
Que je ne croyais pas sitôt tremper de larmes;
Ah! ne m'arrachez pas à ces dieux protecteurs,
Dont j'oppose l'image à mes persécuteurs.
Irai-je au tribunal où le tyran m'entraîne
Souffrir tous les affronts préparés par la haine,
Par un barbare amour mille fois plus affreux?
Je ne sais quelle voix, dans ce cœur malheureux,
D'un présage sinistre effrayant ma pensée,
Me dit que par vous-même à ma perte poussée...
Si pour vous attendrir mes pleurs sont superflus,
Si je sors de ces lieux, je ne les verrai plus.
A cet asile saint confiez l'innocence;
Et s'il ne peut lui-même assurer ma défense,
J'embrasserai du moins dans mes derniers adieux
Ma mère et mon époux, et mon père et mes dieux.

VIRGINIUS.

Tu me perces le cœur : ah! fille infortunée,
Par quel transport aveugle es-tu donc entraînée?

Verrai-je fondre ici tes ravisseurs cruels,
Et disputer ma fille à ces bras paternels ?
Les verrai-je outrager ces autels et ta mère ?
Ah ! si, me réservant cette épreuve dernière,
Le sort m'offrait ici cette scène d'horreur,
Ton père expirerait de honte et de fureur.
Ai-je revu ces murs pour fuir devant le crime,
Pour venir m'y cacher à la main qui m'opprime,
Pour n'oser soutenir les regards d'Appius ?
Ce superbe tyran verra Virginius.
S'il poursuit contre nous son atroce injustice,
Aux yeux de Rome entière il faut qu'il l'accomplisse ;
Et je saurai du moins, avant que de mourir,
Ce que Rome aujourd'hui peut permettre et souffrir.

ICILIUS.

Et qu'en attendez-vous ? Qu'espérez-vous dans Rome ?
Son génie abattu tremble devant un homme.
La guerre, en ce moment, ne laisse en ses remparts
Qu'un peuple désarmé, de femmes, de vieillards ;
Les glaives d'Appius la remplissent de crainte ;
Ses plus braves enfans sont hors de son enceinte ;
Ils sont au camp... Eh bien ! c'est là qu'il faut courir ;
C'est leur bras protecteur qui peut seul nous couvrir.
Remettons sous leur garde et la mère et la fille :
Que de Virginius la plaintive famille
Se rassure au milieu de ces dignes guerriers,
Sous l'abri de leur glaive et sous leurs boucliers :
D'un si noble dépôt leur vertu sera fière.
Et qui d'eux, à l'aspect d'un si malheureux père,
De l'innocence en pleurs qui vient les implorer,
Et de vos cheveux blancs qu'on veut déshonorer,
Ne ressentira pas ce courroux magnanime,
Cette indignation qui fait pâlir le crime ?
J'entends déjà leurs cris poussés de toutes parts ;
Leurs cris retentiront jusque dans nos remparts.
Et que sais-je, grands dieux ! peut-être leur courage
De notre liberté va commencer l'ouvrage.
Ainsi Rome autrefois, dans des périls moins grands,
Du haut du mont sacré fit trembler ses tyrans.
C'est à vous qu'on devra ce retour si prospère.

## ACTE IV, SCÈNE VI.

Que tardez-vous ? allons... Vous balancez, mon père !
Doutez-vous un moment du cœur de nos soldats ?

VIRGINIUS.

Près d'eux depuis trente ans nourri dans les combats,
Je leur rends trop justice, et pourrais sans alarmes,
Confier ma famille à mes compagnons d'armes.
Je sais qu'un vieux soldat, jaloux de son honneur,
Leur pourrait sans rougir montrer tout son malheur.
Mais crois-tu qu'Appius, que chaque instant irrite,
Nous laisse encore ici le pouvoir de la fuite ?
Peux-tu douter, mon fils, que déjà ses soldats,
Dispersés dans ces murs, n'observent tous nos pas ?
Ne me conseille point de tenter l'impossible.
J'oppose à l'oppresseur un courage invincible ;
Et sur son tribunal, d'un regard affermi,
J'oserai défier mon indigne ennemi.
Dans les transports affreux qu'en mon ame il fait naître,
Je sens que j'ai besoin de l'aspect de ce traître.
Ce n'est que devant lui que je puis éclater...
Que dis-je ? ce n'est plus le temps de consulter.

( *La nuit se dissipe par degrés sur la scène.* )

Des premiers traits du jour cette enceinte s'éclaire.

( *A sa fille.* )

Viens, marche sous l'appui de ce bras tutélaire,
Et souviens-toi surtout que je suis près de toi.

PLAUTIE.

Vous voulez...

VIRGINIUS.

        Je le veux. Venez, et suivez-moi.
Mon courage s'indigne en voyant vos alarmes.

( *Il ôte son casque et son épée.* )

PLAUTIE.

Eh! dans ce moment-ci vous déposez vos armes!

VIRGINIUS.

La loi me les défend, quand je suis dans ces murs...
Elles seraient d'ailleurs des secours trop peu sûrs.
Ta défense, ma fille, est dans le cœur d'un père.

ICILIUS.

Vous ranimez le mien. Je vous en crois ; j'espère
Que du sort vos vertus fléchiront le courroux ,
Et d'un pouvoir coupable arrêteront les coups.
C'est pour nous sauver tous que le ciel vous ramène.

VIRGINIE.

Entendra-t-il nos vœux ?

VIRGINIUS.

　　　Ma fille , sois Romaine ,
Et prends les sentimens dont je suis animé :
Crois que pour ton honneur je suis toujours armé.
Allons , Icilius , prenez soin de Plautie ;
Et moi , je conduirai les pas de Virginie.


FIN DU QUATRIÈME ACTE.

---

# ACTE V.

*Le Théâtre représente le forum. Le tribunal d'Appius
est placé dans le fond On doit voir sur les côtés, des
temples, des portiques, la tribune aux harangues,
et des soldats dans l'éloignement.*

## SCÈNE I<sup>re</sup>.

### VIRGINIUS, MÉNÈS.

MÉNÈS.

Virginie et sa mère , en proie à la terreur,
S'arrêtent aux autels de Jupiter vengeur ;
Icilius rassure et soutient leur courage ;
Et, comme impatient de défier l'orage :
Virginius s'arrache à leurs timides bras !
Il court, se précipite , et devance leurs pas!

VIRGINIUS.

Ah ! la rage m'entraîne , et cette ame si ferme
Ne peut plus soutenir le poids qu'elle renferme.
Mon indignation s'irritait de leurs pleurs.
Trop plein de ses transports , oppressé de douleurs ,
Ce cœur de tous côtés cherchait à se répandre ;
J'allais , je m'adressais à qui pouvait m'entendre.
Je croyais qu'en ces lieux , où ce peuple indompté
A respiré long-temps l'air de la liberté ,
Il ne livrerait pas à cette honte amère
Un guerrier vertueux , un citoyen , un père.
Mais l'épouvante enchaîne et leurs cœurs et leurs mains;
Et l'infortune est seule au milieu des Romains.

MÉNÈS.

Du sénat cependant l'élite réunie
Élève enfin sa voix contre la tyrannie ,
Brave les décemvirs, et tout semble annoncer
Que, las de les souffrir, il veut les renverser.

VIRGINIUS.

Et qu'attendre d'un corps où la discorde règne,
Qui livre à l'esclavage un peuple qu'il dédaigne?
Voudra-t-il nous servir contre un patricien?
S'il voulait en effet nous prêter son soutien ,
Si tels sont ses desseins , qui peut donc les suspendre ?

MÉNÈS.

Si j'en crois un bruit sourd qui vient de se répandre ,
Le sénat , en secret portant des coups plus sûrs ,
Sollicite l'armée et l'appelle en ces murs ,
Aux tribuns des soldats en remet la conduite.
Déjà même l'on dit que, marchant à leur suite ,
Bientôt nos légions rentrent dans ces remparts.
Vous verrez Appius pressé de toutes parts.

VIRGINIUS.

Et cependant en proie à ses fureurs sinistres...
Les vois-tu du tyran ces farouches ministres ,
Tout prêts d'environner son affreux tribunal ?
S'il osait contre nous porter l'arrêt fatal !...

Ah ! pour venger l'honneur tout devient légitime...
Nature ! tu frémis !.. j'aperçois la victime.
Elle approche en tremblant.

## SCÈNE II.

### VIRGINIE, PLAUTIE, ICILIUS, VIRGINIUS, MÉNÈS, FEMMES SUIVANTES.

PLAUTIE.

O cher époux ! hélas !
En quels funestes lieux a-t-on conduit nos pas ?

VIRGINIE.

C'est ici que bientôt notre sort se décide.

ICILIUS.

Voilà ce tribunal oppresseur, homicide,
Où le crime impuni s'assied insolemment.

VIRGINIE.

O mon père !...

VIRGINIUS.

Ma fille !

VIRGINIE.

Où suis-je ? et quel moment !

VIRGINIUS.

Va, la vertu jamais ne peut t'être ravie.
On est sûr de l'honneur en méprisant la vie.
Ne préfères-tu pas la mort au déshonneur ?

VIRGINIE.

Ce noble sentiment est au fond de mon cœur
Imprimé par ciel, et nourri par mon père.

VIRGINIUS.

Ton cœur répond au mien : c'est assez, et j'espère
Que le ciel irrité ne me forcera pas...

PLAUTIE.

Ah ! seigneur, voyez-vous s'avancer ces soldats,
Qui partout du forum occupent les limites ?

Voyez-vous d'Appius les nombreux satellites ?
Tout un peuple effrayé semble fuir devant eux.
Le décemvir approche... il paraît... justes dieux !

## SCÈNE III.

**VIRGINIUS, PLAUTIE, VIRGINIE, ICILIUS, MÉNÈS**, FEMMES SUIVANTES ; **APPIUS, CLAUDIUS, SEPTIME.** *Les soldats bordent la scène de droite et de gauche. Douze licteurs sont aux deux côtés du tribunal. Peuple dans l'enfoncement.*

APPIUS, *montant au tribunal.*

ROMAINS, sachez qu'ici cet appareil des armes,
Qui dans un lieu de paix a porté les alarmes,
Qui du pouvoir des lois soutient la majesté,
Menace la révolte et non la liberté.
Du fier Icilius l'audace téméraire
Rendait aux décemvirs ce secours nécessaire.
C'est cet esprit nourri d'orgueilleuses erreurs,
Du tribunat encor respirant les fureurs,
Qui des séditions veut rallumer la rage,
Et détruire nos lois dont la paix est l'ouvrage.
Je préviens ses projets et ne veux rien de plus :
Il est assez puni, s'il les voit confondus.
Qu'il tremble et reconnaisse un pouvoir qu'il déteste.
Claudius, appuyé d'un titre manifeste,
Redemande une esclave enlevée au berceau ;
Aux droits qu'il a prouvés les lois ont mis leur sceau ;
Et quoique leur rigueur dût presser la sentence,
J'ai de Virginius attendu la présence.
Mais si, se répandant en discours superflus,
Il ne peut par des faits démentir Claudius,
Qu'il sache qu'aujourd'hui rien ne pourra suspendre,
Rien ne pourra changer l'arrêt que je vais rendre ;
Et malheur à quiconque, en sa témérité,
Oserait d'Appius braver l'autorité.

ICILIUS.

Romains, voilà ma femme, et j'ai dû la défendre.

Romains , voilà son père, et vous allez l'entendre.
Je ne m'abaisse pas jusqu'à craindre Appius ;
Je me tais seulement devant Virginius.

VIRGINIUS.

Décemvir, j'ai douté que ton aveugle rage
Prétendît consommer ton crime et mon outrage.
J'avais cru que l'horreur d'un infame dessein
Devait, à mon aspect, se cacher dans ton sein.
Mais puisque ma vertu , mes titres , mes services,
Et ce sein paternel couvert de cicatrices ,
Ne peuvent arrêter tes projets forcenés,
C'est moi , moi qui dénonce aux Romains indignés
Un monstre possédé d'un amour sacrilége ,
Qui veut traîner sa proie en cet horrible piége ,
Et qui, pour assouvir ses désirs criminels ,
A dicté l'imposture au plus vil des mortels.
Si mes concitoyens ne peuvent me défendre,
Mes cris jusques au camp iront se faire entendre.
Mes braves compagnons entre nous vont juger ;
Ils ont le fer en main , et c'est pour me venger.

APPIUS.

Je saurai prévenir ta coupable menace ,
Téméraire vieillard. Ainsi donc ton audace ,
Jusques en ma présence , au pied du tribunal ,
De la rébellion veut donner le signal.
C'est souffrir trop long-temps ta fureur qui me brave.
Licteurs , à Claudius qu'on livre son esclave.

VIRGINIE, *se précipitant dans les bras de son père.*

Ah ! mon père , en vos bras...

PLAUTIE, *se jetant au-devant des licteurs qui s'appro-*
*chent pour saisir Virginie.*

Arrêtez , inhumains.

Percez plutôt ce cœur...

VIRGINIUS.

( *Icilius et Plautie , les bras étendus, repoussent les*
*licteurs , pendant que Virginius tient sa fille serrée*
*dans ses bras.* )

Qui de vous , ô Romains !

Peut souffrir tant d'horreurs ? qui de vous n'est pas père ?
Si mes mains ne gardaient une tête si chère ,
Mes mains de ce tyran déchireraient le cœur...
Avez-vous des enfans ? sentez-vous mon malheur ?
Tranquilles et muets , vous voyez ce spectacle...

> ( *Aux licteurs.* )

Non, barbares, jamais...

APPIUS.

Écartez tout obstacle;
Obéissez , licteurs.

VIRGINIUS.

O dieux ! qui l'ordonnez,
Je sauve son honneur que vous abandonnez.

> ( *Au moment où sa fill va lui être arrachée, il* *met la main sur un poignard caché sous ses* *habits.* )

Reçois de mon amour la marque la plus chère...
Meurs vertueuse et libre , et de la main d'un père.
Meurs.

> ( *Il frappe sa fille.* )

VIRGINIE.

J'expire.

PLAUTIE , *recevant sa fille dans ses bras et la soute-*
*nant avec ses femmes.*

Ah ! grands dieux ! cruel , qu'avez-vous fait ?

ICILIUS.

Malheureux !

VIRGINIUS, *allant vers le tribunal.*

La voilà , monstre ; es-tu satisfait ?
Par ce sang, qu'a versé cette main paternelle ,
Je dévoue aux enfers ta tête criminelle.
Romains ! voyez ce sang! c'est moi...non, par ma main,
Appius a plongé le poignard dans son sein ;
C'est lui, lui...

APPIUS.

( *Il est descendu de son tribunal égaré et furieux.* )

De mes sens, dieux ! quelle horreur s'empare !
Quel spectacle !.. soldats , saisissez ce barbare.

## SCÈNE IV.

LES ACTEURS PRÉCÉDENS ; **VALÉRIUS**, *suivi des*
SÉNATEURS.

VALÉRIUS.

Arrêtez : respectez les décrets du sénat.
Il déclare Appius ennemi de l'état.
C'est au peuple romain d'ordonner son supplice ,
De livrer aux bourreaux ce monstre et son complice.
Soldats, la loi commande : entraînez ce tyran.

( *Les soldats environnent le décemvir et Claudius, et*
*les entraînent hors de la scène.* )

ICILIUS,

Ah ! de ses attentats vous voyez le plus grand.

VALÉRIUS.

Sa mort va l'expier. Notre armée est aux portes.
La vengeance en nos murs rentre avec nos cohortes.
Que du décemvirat le nom même aboli
Dans l'opprobre à jamais demeure enseveli.

VIRGINIUS.

Ah ! lorsque par mes mains mon malheur se consomme ,
Qui me paiera ce sang ?

VALÉRIUS.
La liberté de Rome.

FIN DE VIRGINIE.

# MÉLANIE,

## DRAME EN TROIS ACTES ET EN VERS,

## DE LA HARPE;

Remise au Théâtre Français de la rue de Richelieu,
conforme à la représentation.

# PERSONNAGES.

Monsieur DE FAUBLAS, homme de robe.
Madame DE FAUBLAS.
MÉLANIE, leur fille.
MONVAL, parent de madame de Faublas.
UN CURÉ.

*La scène est dans un couvent de Paris, au parloir.*

# MÉLANIE,

## DRAME.

## ACTE PREMIER.

### SCÈNE Iʳᵉ.

Monsieur et madame DE FAUBLAS.

M. DE FAUBLAS.

Non, madame; en un mot, c'est trop me résister.
J'ai pesé mes projets, je m'y dois arrêter.
Pouvez-vo us les blâmer? Ma fortune est bornée;
On offre à votre fils un brillant hyménée,
L'espoir d'un régiment et d'un rang à la cour;
Dois-je seul m'opposer au bonheur de Melcour?
Le premier pas suffit, tout en dépend peut-être;
Et le point important est d'approcher du maître.
Mais de notre maison l'avancement prochain
Exige quelque effort; je m'y résous enfin.
Ce n'est pas, après tout, un si grand sacrifice :
Mélanie, au couvent depuis deux ans novice,
Formée à la retraite en ses plus jeunes ans,
Semblait en avoir pris les goûts, les sentimens;
Au plan que j'ai suivi se prêtant par avance,
Elle nous demandait le voile avec instance;
Et dans le cloître alors trouvant tous ses plaisirs
Y voulait pour jamais enfermer ses desirs.
D'où naît le changement qu'aujourd'hui l'on m'annonce?
A ses premiers desseins d'où vient qu'elle renonce?
S'il faut vous déclarer ce que j'en crois ici,

Votre parent Monval la fait changer ainsi.
Devant elle jamais il n'aurait dû paraître.
C'est grace à vos bontés qu'il a pu la connaître ;
Et c'est bien malgré moi, je le dis entre nous,
Que Monval au couvent la voyait avec vous.

**Mad.** DE FAUBLAS.

Je n'ai pu refuser cette faveur légère
A la tendre amitié qui m'attache à sa mère,
Au sang qui nous unit. Ce jeune homme, d'ailleurs,
A le cœur noble et droit, a des vertus, des mœurs.
Il est impétueux, aisément il s'enflamme,
Et toujours sans contrainte il laisse agir son ame.
Qui n'a rien de honteux dans le fond de son cœur,
Ne craint point de l'ouvrir, et parle avec candeur.
C'est toujours devant moi qu'il a vu Mélanie,
Et dans tous ses discours règne la modestie.
Mais quant à votre fille, à ne vous rien cacher,
Je crois que son état a droit de vous toucher.
Soyez de vos enfans également le père ;
N'immolez point la sœur pour agrandir le frère..
Si dans ses premiers ans les soins des jeunes sœurs
Lui firent du couvent envier les douceurs,
C'est une illusion qui passe avec l'enfance,
Et j'ai pu voir depuis toute sa répugnance.
Je vous en informai. Ce changement léger
N'était rien, disiez-vous, qu'un dégoût passager ;
Vous avez en tout temps combattu mes alarmes ;
De Mélanie enfin j'ai vu couler les larmes.
J'ai gémi de son sort : vous l'aviez décidé ;
Et lorsqu'à vos desirs malgré moi j'ai cédé,
Qu'à prononcer ses vœux j'ai voulu la résoudre,
Ce formidable arrêt fut comme un coup de foudre.
Elle resta long-temps sans voix et sans couleur.
Elle doit obéir, je le sais ; mais, monsieur,
Je ne puis vous céler ma douleur maternelle.
De mon respect pour vous cette épreuve est cruelle ;
Notre sang doit avoir de plus grands droits sur nous :
Mon cœur prendra toujours son parti contre vous.
Si mon époux enfin, sûr de ma complaisance,

Voulait ne point user de toute sa puissance ;
Tandis qu'il en est temps, s'il voulait consentir
A révoquer l'arrêt dont il nous voit frémir,
Ah ! la reconnaissance et durable et sincère
Qui mettrait à ses pieds et la fille et la mère
Lui ferait éprouver un bonheur plus certain,
Plus pur, plus légitime, et bien plus doux enfin,
Que tous ces vains honneurs, dont l'image incertaine
Offre dans l'avenir une pompe lointaine,
Une grandeur frivole et soumise au hasard,
Qui souvent nous échappe, et vient toujours trop tard.

#### M. DE FAUBLAS.

Tant d'obstination ne peut que me déplaire ;
C'est combattre long-temps un parti nécessaire.
Votre fille aujourd'hui doit prononcer ses vœux ;
Nos parens, nos amis, sont mandés en ces lieux ;
Pour la cérémonie ici tout se prépare ;
Que pourrait-on penser d'un retour si bizarre ?
De vos discours pourtant je ne suis point surpris ;
Je sais vos sentimens : vous n'aimez point mon fils ;
Vous lui préféreriez le dernier de vos proches.
Jamais...

#### Mad. DE FAUBLAS.

Je dois répondre à de pareils reproches.
Melcour m'est cher, monsieur ; si je me suis permis
De juger ses défauts, et si par mes avis
J'ai voulu quelquefois changer son caractère,
Je n'ai pas moins pour lui des sentimens de mère ;
Je les aurai toujours.

#### M. DE FAUBLAS.

Je ne vous comprends pas.
Melcour est estimé ; je vois qu'on en fait cas,
Et vous permettrez bien qu'un père le seconde.

#### Mad. DE FAUBLAS.

Oui, je crois qu'il pourra réussir dans le monde.
Il est dur et poli, c'est beaucoup ; mais pourtant
De son cœur jusqu'ici le mien n'est pas content.
Je ne le crois ni vrai, ni noble, ni sensible ;

A toute émotion il semble inaccessible ;
Il agit, parle, écoute, avec un front égal ;
Ne croit jamais le bien et croit toujours le mal ;
Jamais, quand il vous parle, il ne regarde en face ;
Son coup-d'œil vous évite, et son souris menace ;
D'ailleurs, plein de mépris pour tous ses concurrens,
Je sais qu'il a tenu des discours imprudens
Sur le marquis d'Orcé, qui l'aura su sans doute :
Pour un mot indiscret, on sait ce qu'il en coûte.
Dans l'état qu'il embrasse on ne pardonne rien.
Enfin c'est à vos yeux un trésor, un soutien.
Mais quand ce fils, objet de votre amour extrême,
Vous aimerait autant que vous l'aimez vous-même ;
Quand vous n'auriez conçu que l'espoir le plus sûr,
Je le redis encore, il doit m'être bien dur
De voir ma Mélanie ainsi sacrifiée
Languir dans l'abandon par son père oubliée,
Et, menée en pleurant jusqu'au pied de l'autel,
S'imposer par son ordre un supplice éternel.

M. DE FAUBLAS.

On affaiblit toujours tout ce qu'on exagère.
Je crois sa douleur vive, et la crois passagère.
Toujours dans ces momens on verse quelques pleurs,
On croit dans l'avenir ne voir que des malheurs.
Mais la réflexion, fruit de la solitude ;
Et la nécessité, qui devient habitude ;
L'entier éloignement des objets séducteurs ;
Et l'exemple, et le temps, si puissans sur nos cœurs,
Du cloître, qui n'offrait qu'horreur et qu'amertume,
Font un séjour tranquille où l'ame s'accoutume.
Qui n'a joui de rien n'a rien à regretter.
Si connaissant le monde il fallait le quitter,
Peut-être autant que vous je plaindrais Mélanie :
Mais dans cette maison elle a passé sa vie.
Son sort est-il plus dur que celui de ces sœurs
Qui toujours du couvent nous vantaient les douceurs ?
Du malheur en ces lieux avons-nous vu l'image ?
Nous parla-t-on jamais de joug et d'esclavage ?
Tout ce qui devant moi s'est ici présenté
Me peignait le bonheur et la sérénité.

Mad. DE FAUBLAS.

N'en croyez pas , monsieur, l'apparence infidèle.
La retraite , il est vrai, peut nous paraître belle ;
Mais c'est pour un moment, c'est lorqu'on n'y vit pas.
Sous ces lambris sacrés quand nous portons nos pas ,
Tout semble calme et doux , jusqu'à l'air qu'on respire ;
Des paisibles vertus nous ressentons l'empire,
L'oubli des passions , des maux et des erreurs ;
Et l'attendrissement passe au fond de nos cœurs.
Mais percez plus avant (1), pénétrez ces cellules ;
Ces réduits ignorés où des esprits crédules,
Désabusés trop tard et voués au malheur,
Maudissent de leurs jours la pénible lenteur :
C'est là que l'on gémit, que des larmes amères
Baignent pendant la nuit les couches solitaires ;
Que l'on demande au ciel , trop lent à s'attendrir,
Ou la force de vivre ou celle de mourir.
Peut-être que leurs maux par le temps s'adoucissent ,
Que dans des yeux éteints les pleurs enfin tarissent.
Un morne accablement qui ressemble au trépas
Succède au désespoir, à ses bruyans éclats ;
Mais ce calme perfide est voisin de l'orage.
On en sort bien souvent par des accès de rage.
C'est le poison trompeur qui promet le sommeil ;
Et les convulsions sont l'effet du réveil.

M. DE FAUBLAS.

Sans doute, en me traçant cette image effrayante ,
Vous voulez m'inspirer une fausse épouvante
D'un état doux et saint où je vois chaque jour
S'engager sans scrupule et la ville et la cour.
Ma conduite, je crois, n'a rien de condamnable.
Si cet état, d'ailleurs , etait si redoutable ,
Pourquoi donc verrions-nous ceux qui l'ont embrassé
S'efforcer à l'envi dans leur zèle empressé
De ranger sous leur loi de nouveaux prosélites ?
Ils doivent d'un tel choix connaître bien les suites ;
Et par quel intérêt peut-on imaginer
Qu'ils entraînent au piége, au lieu d'en détourner ?

_______

(1) *Finde parietem.* Ezech.

#### Mad. DE EAUBLAS.

Par un sentiment vil, cruel, abominable,
Trop indigne de l'homme, et pourtant véritable.
Il n'existe que trop : l'esclave est sans vertu,
Il déteste en autrui tout ce qu'il a perdu.
Il se flatte en secret que sa chaîne accablante,
Sur d'autre étendue, en sera moins pesante.
A force de souffrir souvent on s'endurcit,
Et dans sa prison même on aspire au crédit.
Voilà ce qui produit ces ardens émissaires
Dont le zèle affecté peuple les monastères.
Ils veulent commander à d'autres malheureux,
Faire porter le joug qu'on a forgé pour eux,
Se venger de leurs maux : l'esprit de tyrannie
Entre facilement dans une ame flétrie ;
Et le droit d'opprimer des captifs abattus
Est un plaisir encor pour qui n'en connaît plus.

#### M. DE FAUBLAS.

Le parti le plus sage et le plus raisonnable
Toujours par quelque endroit peut paraître blâmable.
Les abus sont partout, je le sens, j'en conviens ;
Mais pour un mal léger je produis un grand bien.
J'écoute l'intérêt de toute une famille.
C'est à vous d'essuyer les pleurs de votre fille.
Bientôt notre curé viendra l'entretenir.
Ses leçons, ses avis, pourront la soutenir.
Ma confiance en lui n'est pourtant pas entière.
Sa morale, dit-on, n'est pas assez sévère.
On m'en a dit du mal.

#### Mad. DE FAUBLAS.

       On vous trompe, monsieur.
Je le crois digne en tout du saint nom de pasteur.
On ne le vit jamais, affectant le scrupule,
Crier à l'hérétique, au schisme, à l'incrédule,
A signaler son nom vainement empressé,
Et prompt à deployer un zèle intéressé.
Il ne se borne pas à tonner dans les temples ;
Et, s'il combat l'erreur, c'est par de bons exemples.
C'est des infortunés et le guide et l'appui.

Il prend sur ses besoins pour aider ceux d'autrui.
Rien n'échappe à ses soins ; sa tendre prévoyance
Sous des toits dépouillés va chercher l'indigence ;
Au soin de la servir tout entier attaché,
Il parcourt les réduits où le pauvre est caché ;
Et s'il ne peut toujours soulager la misère,
Au moins il la console, il lui fait voir un père.
Dans l'église souvent je l'ai vu près d'entrer ;
J'ai vu les malheureux en foule l'entourer ;
Il ressemblait au Dieu dont il était le Prêtre.

M. DE FAUBLAS.

Mais on n'en parle pas, il s'est peu fait connaître.

Mad. DE FAUBLAS.

Ah ! lorsqu'on est sensible, il est toujours bien doux
De servir les humains sans qu'ils parlent de nous.
On agit pour son cœur. Le voici qui s'avance.

# SCÈNE II.

MONSIEUR ET MADAME DE FAUBLAS, LE CURÉ.

M. DE FAUBLAS.

MONSIEUR, nous implorons ici votre assistance.
Nous en avons besoin : ma fille en ce grand jour
Éprouve vers le monde un moment de retour.
Il faut d'un jeune cœur corriger la faiblesse,
Lui montrer ses devoirs : c'est à votre sagesse
Que j'ai dû me fier, et j'attends tout de vous.
Vous vaincrez sûrement ces injustes dégoûts.
Vous savez trop...

LE CURÉ.

                    Je sais ce qu'ici je dois faire,
Et je ne trahirai vous ni mon ministère.
Avant de vous répondre et de promettre rien,
Il me faut avec elle avoir un entretien.
Je veux lire en son cœur, je veux bien le connaître.
Sur ses devoirs alors, sur les vôtres peut-être,
Je pourrai vous parler avec sincérité.
Vous entendrez de moi la simple vérité.

N'espérez rien de plus.

M. DE FAUBLAS.

C'est ce que je desire.
On va vous l'amener, monsieur, je me retire,
Et vais avec madame assembler nos amis
Qui bientôt dans ces lieux seront tous réunis.

# SCÈNE III.

### LE CURÉ, *seul.*

ALLONS... je vais encor voir une infortunée
Qu'un intérêt cruel au cloître a condamnée ;
Que l'on ensevelit de peur de la doter ;
Qui pousse des soupirs que l'on craint d'écouter ,
Et donne, en détestant sa retraite profonde,
Au ciel des vœux forcés , et des regrets au monde.

# SCÈNE IV.

### LE CURÉ, MÉLANIE.

#### MÉLANIE , *à part, dans le fond.*

O Dieu ! changez mon cœur, ou bien changez mon sort !
Dieu ! fléchissez mon père ou m'envoyez la mort !

#### LE CURÉ.

Approchez, mon enfant , et soyez sans alarmes.
Si je viens près de vous, c'est pour sécher vos larmes.
Ne me les cachez point et laissez-les couler.
Sans témoins , sans réserve on peut ici parler.
Nul n'osera troubler cette sainte entrevue.
Vous frémissez!... Eh quoi ! redoutez-vous ma vue ?

#### MÉLANIE , *avec égarement.*

Je ne sais où je suis... ayez pitié de moi.
Tout dans un pareil jour doit inspirer l'effroi.
D'un père rigoureux n'êtes-vous pas complice ?
Venez-vous m'annoncer l'instant du sacrifice ?
C'est celui de mes jours... c'est celui de mon cœur...
Il est affreux , barbare... il me glace d'horreur...

Ah ! qu'on l'achève au moins, qu'on l'achève sur l'heure.
Traînez-moi vers l'autel... traînez-moi... que j'y meure ;
C'est tout ce que l'on veut, et j'y consens.

LE CURÉ.

Hélas !

Au but qui me conduit ne vous méprenez pas.
J'apporte à vos douleurs l'intérêt le plus tendre.
Je puis les adoucir, si vous voulez m'entendre.
Donnez-leur avec moi ce libre épanchement
Qui pour les malheureux est un soulagement.
Les consoler, ma fille, est tout mon ministère ;
Vous me devez enfin regarder comme un père.

MÉLANIE , *toujours égarée.*

Un père !... il m'en faut un... Que n'ai-je un père, hélas!
Il plaindrait mes tourmens , il m'ouvrirait ses bras.
Ce nom doit consoler... ce nom me désespère.
Faut-il éterniser mes tourmens , ma misère,
Livrer à la douleur le reste de mes jours ?
Promettre de souffrir et de pleurer toujours ?
Je n'en ai pas la force, et ma raison s'égare.
La nature et le ciel , tout me semble barbare.

LE CURÉ.

C'est que tous deux , ma fille , ont été méconnus.
Commandez un moment à vos sens éperdus,
Et d'un consolateur écoutez le langage.
Tout doit m'intéresser , votre état et votre âge.
De m'employer pour vous je me fais un devoir.
L'emporter sur un père est hors de mon pouvoir :
Mais je lui parlerai contre la violence...

MÉLANIE, *revenant à elle avec transport , et sortant*<br>*d'une sombre distraction.*

Est-il vrai ? vous ! O ciel ! vous prenez ma défense !
Vous me le promettez ! L'aurais-je pu prévoir ?
Vous éloignez de moi l'horrible désespoir.
Vous me l'aviez bien dit, oui , vous êtes mon père ;
Oui , vous me restsz seul dans la nature entière.

LE CURÉ.

J'offre ce que je puis, des soins et des souhaits.

Je réponds de mon zèle et non pas du succès.
Il dépendra surtout de votre confiance.
Faites de vos secrets l'exacte confidence.
Permettez que ce cœur vous ose interroger ;
Aux sentimens du vôtre il n'est point étranger.
Placez-vous près de moi ; venez, ma chère fille.
( *Ils s'asseyent tous deux.* )
Je chéris dès long-temps votre noble famille.
On m'a dit qu'élevée en ces paisibles lieux
Vous y passiez des jours qui paraissaient heureux.
Et que, du voile saint à seize ans revêtue,
D'aucun regret encor vous n'étiez combattue.
Votre état vous plaisait : souvent on m'a vanté
Votre zèle naissant, votre félicité.
M'a-t-on dit vrai ? parlez.

MÉLANIE , *devenue plus calme , et avec le ton d'une*
*tristesse douce et réfléchie.*

      Oui , je vous le confesse ;
Cette maison, monsieur, fut chère à ma jeunesse.
Je m'y voyais fêtée, on s'occupait de moi.
Chacun de m'amuser se faisait un emploi.
On détournait mes yeux de tout devoir pénible.
A tant d'empressement pouvais-je être insensible ,
Dans un âge où le cœur est si prompt à s'ouvrir
Aux premiers sentimens qui se viennent offrir ;
Où les jours sont si purs, le bonheur si facile ?
Je crus qu'il habitait au sein de cet asile.
Je ne trouvais partout que des soins complaisans,
Des égards recherchés et des yeux caressans.
Ce plaisir si flatteur d'intéresser les autres,
Les préjugés d'autrui qui deviennent les nôtres ,
Tout ce que j'entendais du monde et de ses mœurs,
Les discours séduisans, les tendresses des sœurs,
Le penchant qui nous lie au séjour de l'enfance ,
Enfin l'amitié même et la reconnaissance,
Tout me fit une loi d'attacher pour toujours ,
A ce qui m'entourait, mes destins et mes jours.

LE CURÉ.
De semblables motifs n'ont rien que d'estimable.

Eh bien! qui put troubler cet état désirable?
Qui produisit en vous un si grand changement?

MÉLANIE.

Vous allez le savoir; c'est un événement
Qui décida dès-lors du destin de ma vie,
Et dont en vous parlant j'ai l'ame encor remplie :
Je veillais près du lit où l'une de nos sœurs
D'une lente agonie éprouvait les horreurs.
Cherchant à signaler les soins d'une novice,
J'avais brigué moi-même un si lugubre office.
Un prêtre l'exhortait, et ses pieux discours
De la religion prodiguaient les secours.
Mais la voyant garder un obstiné silence,
Et commençant peut-être à perdre l'espérance,
Il s'éloigna de nous pendant quelques instans;
Alors, levant ses yeux baissés depuis long-temps,
Elle parut gémir sur moi plus que sur elle :
Quelques larmes mouillaient sa mourante prunelle;
Elle fit un effort pour pouvoir me parler,
Et m'adressa ces mots qui me firent trembler.
« On vous trompe, on vous perd, ma chère Mélanie :
« A votre âge on sent peu ce que l'on sacrifie,
« En se faisant esclave et prenant cet habit ;
« Vous l'apprendrez trop tard : je sais qu'on vous a dit ,
« Je sais que vous croyez que dans nos saints asiles
« Tous les jours sont sereins , tous les cœurs sont tran-
      quilles ;
« Mais pour vous abuser sachez qu'on est d'accord.
« On ne vit en ces lieux qu'en désirant la mort,
« Et l'on n'y meurt jamais qu'en détestant sa vie.
« Que mon exemple au moins détrompe Mélanie. »
Elle m'apprit son sort : un malheureux amour,
Qu'il fallut dans ce cloître étouffer sans retour,
Avait rempli son ame et consumé sa vie.
Du récit de ses maux je demeurai saisie.
C'étaient les derniers cris et les gémissemens
D'un cœur que ses chagrins ont oppressé long-temps :
C'était d'un long malheur l'histoire attendrissante,
Que l'accent de la mort rendait plus déchirante.

18

Je n'y pus résister : pleine de ses douleurs,
Je tombai sur son lit en l'arrosant de pleurs.
Un si juste intérêt pouvait-il se contraindre ?
Pour la première fois elle s'entendit plaindre,
Et ma pitié parut adoucir son trépas ;
L'infortunée alors me serra dans ses bras.
Je sentis que ses pleurs inondaient mon visage,
De mes sens trop émus je perdis tout usage ;
Et quand je les repris, elle ne vivait plus.
Ses bras déjà glacés sur ma tête étendus,
Ses yeux de la douleur gardant le caractère,
Et vers le ciel encore élevant leur paupière,
Semblaient lui demander d'épargner à mon cœur
Tous les maux dont sa mort m'avait tracé l'horreur.

LE CURÉ.

O parens inhumains ! voilà donc votre ouvrage !

MÉLANIE.

J'eus toujours devant moi cette effroyable image ,
Elle me poursuivait : mes esprits agités
N'entrevoyaient partout que d'affreuses clartés.
Je ne pouvais penser que cette infortunée,
Sans raison, sans motif , eût plaint ma destinée.
Qui peut vouloir tromper à ses derniers momens ?
Mais , si je l'en croyais, quels tristes sentimens
S'élevaient dans mon ame et la glaçaient de crainte !
« Eh ! quoi ! de tous côtes l'artifice et la feinte !
« On séduit ma candeur, on veut m'en imposer !
« Et tout ce que j'aimais conspire à m'abuser ! »
Ces soupçons m'inspiraient une sombre tristesse;
L'effroi, l'abattement, flétrissaient ma jeunesse.
Le cloître m'effrayait : je rencontrais partout
L'odieuse contrainte et l'importun dégoût.
Je détestai dès lors cet habit de novice,
J'abjurai dans mon cœur mon fatal sacrifice.
Je n'osais cependant avouer mes chagrins :
De mon père sur moi je savais les desseins ;
J'espérais quelquefois pouvoir le satisfaire.
Je songeais, pour charmer mon ennui solitaire,
Qu'au moins les passions ne rongeaient point mon cœur ;

Que de l'amour encor le poison séducteur,
Dont j'avais une fois contemplé la furie,
A des maux plus cuisans ne livrait point ma vie.
Mais ce repos, hélas! ne dura pas long-temps...
Malheureuse!

LE CURÉ.

Achevez ces aveux importans.
Parlez, ne craignez rien.

MÉLANIE.

O mon guide! ô mon père!
Qu'aisément avec vous je puis être sincère!
Que mon ame à la vôtre aime à se confier!
Ah! c'est de mes plaisirs peut-être le dernier.
Ma consolation, dans ces lieux, la plus chère,
C'était de voir souvent ma respectable mère,
Ma mère qui toujours m'aima si tendrement!
Elle vit dans mon zèle un refroidissement.
Mais je lui dérobai ma profonde tristesse,
Qui pouvait sur mon sort alarmer sa tendresse.
Un parent (c'est Monval) voulut un jour me voir,
Il arrive avec elle en ce même parloir.
On m'avertit, j'accours... ma surprise à sa vue,
Sur son front, dans ses traits la grace répandue,
Son maintien, de ses yeux la touchante douceur,
Et le son de sa voix, encor plus enchanteur,
Tout à mes sens troublés dut faire reconnaître
Qu'en ce moment mon cœur venait de voir son maître.
Il s'assit, parla peu, me regarda toujours.
J'ai retenu de lui jusqu'au moindre discours.
Il parut de mon sort pénétrer le mystère,
Je vis qu'il me jugeait beaucoup mieux que ma mère.
Des mots perdus pour elle il sentait la valeur,
Et tout ce qu'il disait répondait à mon cœur.
Je feignis malgré moi de ne le pas entendre.
Que je lui savais gré d'un intérêt si tendre!
J'entrevis quelques pleurs qu'il voulait dévorer,
Il semblait à la fois me plaindre et m'adorer.
Oh! que cet entretien est gravé dans mon ame!
Il ne m'avait rien dit qui déclarât sa flamme,
Rien qui pût ressembler aux discours des amans:

Mais ses derniers regards valaient tous les sermens ;
Et moi-même, en secret de lui toute remplie,
Je jurai qu'à lui seul appartiendrait ma vie.
Dans ce premier moment je fus loin de prévoir
Tous les maux que prépare un amour sans espoir ;
Et mon ame, embrassant un sentiment si tendre,
S'élança vers l'objet qu'elle semblait attendre,
Et crut, en lui livrant un pouvoir absolu ,
Satisfaire un besoin jusqu'alors inconnu.
Hélas ! j'en jouissais sans trouble et sans alarmes ,
Et sans affliction je répandais des larmes.
Mon cœur s'applaudissait d'échapper à l'ennui ,
D'avoir un sentiment, de trouver un appui.
Contre l'amour sans doute il n'est point de défense ;
Mais que la solitude ajoute à sa puissance !
Que ses traits pénétrans, ailleurs trop émoussés,
Descendent plus avant au fond des cœurs blessés !
Je n'ai du monde encore aucune expérience ;
Mais s'il faut sur ce point dire ce que je pense,
Dans ce monde bruyant comment peut-on souffrir
Que les distractions, les soins et le plaisir,
De l'ame à tout moment éloignent ce qu'on aime ?
Peut-on se voir ainsi séparé de soi-même ?
Ah ! lorsque tant d'objets ont partagé le jour ,
Ce qui doit en rester est bien peu pour l'amour.
Mais ici tout le sert et rien ne le balance.
Le cœur de son penchant s'entretient en silence.
Rien ne s'offre à nos yeux qui le fasse oublier ;
Chaque instant à l'amour appartient tout entier.
Je l'ai bien éprouvé : Monval, dans ces demeures ,
Monval m'occupait seul et remplissait mes heures.
Lorsque tout sommeillait, dans l'ombre de la nuit,
Je répétais souvent tout ce qu'il m'avait dit.
Seule durant le jour, craignant d'être obsédée,
Craignant qu'on m'arrachât à cette douce idée,
Rappelant ses regards, ses gestes, ses soupirs,
Mon ame autour de soi recueillait ses plaisirs.

LE CURÉ.

Monval n'a-t-il pas su tout ce qu'il vous inspire ?

**MÉLANIE.**

Oh! combien j'aimerais à pouvoir le lui dire!
Mais jamais à ma bouche un mot n'est échappé,
Qui pût trahir ce cœur ainsi préoccupé.
Qu'il m'en coûtait! ô ciel! surtout en sa présence,
Que je me reprochais ce rigoureux silence!
Loin de lui je cherchais à l'en dédommager,
Je lui parlais alors sans crainte et sans danger,
Et dans cet entretien qu'il ne pouvait entendre
J'exprimais beaucoup plus qu'il n'eût osé prétendre.
Cependant je songeai quel serait mon destin,
Mes yeux long-temps distraits s'y fixèrent enfin.
L'effrayant avenir où s'égarait ma vue
Ne m'offrait qu'un abîme où j'étais attendue.
Je vis que j'y tombais sans espoir d'en sortir,
Et j'entendis la voix de l'affreux repentir.
Je vis que, dès l'enfance au cloître destinée,
Moi-même par mon choix je m'étais enchaînée;
Que mon père, affermi dans ses engagemens,
Ne consulterait pas mes nouveaux sentimens;
Qu'à son ambition j'allais être immolée:
Je me sentis alors de mes maux accablée,
Alors je m'indignai du fardeau de mes fers,
Et je tendais les mains à des liens plus chers.
J'aurais voulu franchir la terrible barrière,
Et me réfugier dans le sein de ma mère.
Au moins j'y déposai mes plaintes, mes douleurs,
Mes feux long-temps secrets, mes funestes ardeurs.
Elle a vu de ce cœur la cruelle blessure,
Elle a versé sur moi les pleurs de la nature,
Promis de tout tenter pour adoucir mon sort;
Mais que me sert, hélas! un inutile effort?
Que peut-elle? elle-même est dans la dépendance,
Son époux a sur elle une entière puissance;
Enfin, vous le voyez, on a marqué ce jour
Pour prononcer des vœux, et des vœux sans retour.
On m'impose une loi que je ne peux plus suivre;
On ne s'informe pas si j'y pourrai survivre.
Qu'ai-je donc fait, hélas! pour tant de cruauté!
Et j'irais aux autels trahir la vérité!

J'irais mentir au Dieu qui lira dans mon ame !
Lui consacrer un cœur que tant d'amour enflamme !
Non, j'abhorre un serment trompeur, injurieux.
Ma voix s'arrêterait en prononçant mes vœux.
Avant de les former, ciel, fais que Mélanie
Exhale à tes autels sa malheureuse vie !

LE CURÉ.

Écoutez, mon enfant : votre ingénuité
Sans doute a droit de plaire au Dieu de la bonté.
Il ne veut point de nous d'offrande involontaire.
Je n'irai point non plus, par un langage austère,
Joindre encore à vos maux un effroi douloureux,
Qui, loin de les guérir, les rendrait plus affreux.
Ainsi, sans m'élever contre un amour profane
Que la religion dans votre état condamne,
Je m'occupe avec vous de vos seuls intérêts.
On m'appelle bien tard : vous savez quels projets,
Pour avancer son fils, a formés votre père ;
Et quand on a conclu l'hymen de votre frère,
Quand tout est décidé, lorsque le jour est pris
Où vos engagemens doivent être remplis,
Revenir sur ses pas, renverser son ouvrage,
( Excusez un moment ce sinistre langage )
Est un effort pénible, et dont il faut douter ;
Les obstacles pourtant ne sauraient m'arrêter.
Je dirai ce qu'il faut pour fléchir votre père.
Mon devoir me l'ordonne, et j'y vais satisfaire.
Ce n'est que par degrés qu'on le peut ramener :
Le péril est pressant, il le faut détourner.
D'abord votre santé, qui paraît affaiblie,
Exige le délai de la cérémonie ;
Et si j'obtiens ce point, nous pouvons espérer.
Mais dans tous ses desseins s'il veut persévérer,
S'il brave mes discours et votre résistance,
Ma fille, contre lui quelle est votre défense ?
On vous opposera votre consentement.
Pourquoi, vous dira-t-on, ce soudain changement ?
Pourquoi faire si tard éclater vos murmures,
Pour nous ravir le fruit des plus justes mesures ?
Tout sera contre vous. Pardonnez ce discours.

Je dois vous protéger, je le veux, et j'y cours.
Mais n'attendez pas tout des soins où je m'engage ;
Comptez plus sur vous-même et sur votre courage.
Le ciel voit vos chagrins, il pourra les calmer ;
Il veille sur ce cœur qu'il se plut à former ;
Vous vaincrez un amour qui peut être excusable ,
Mais qui fait vos tourmens et vous rendrait coupable.
( *Mélanie se lève avec des gestes de douleur ; le curé se
lève aussi.* )
Allez, rassurez-vous, vous êtes sous les yeux
Du Dieu consolateur qui reste aux malheureux.
Comptez sur mes secours; souffrez que ma présence
Vous porte quelquefois une faible assistance.
Vous aurez en tout temps contre un sort ennemi
Le ciel et vos vertus, une mère , un ami.

MÉLANIE.

Hélas ! ma destinée est donc bien déplorable !
Avec tant de soutiens est-on si misérable ?
Cependant il m'est doux de confier du moins
Mes secrets à votre ame et mon sort à vos soins.
( Elle rentre. )

# SCÈNE V.

## LE CURÉ, *seul.*

Seconde, Dieu clément, mes efforts et mon zèle,
L'intérêt qui dégrade une ame paternelle
Ose emprunter ton nom pour consacrer ses lois ;
Contre sa tyrannie, ô Dieu ! soutiens ma voix.
Daigne de cette enfant protéger l'innocence.
Dieu ! je crois te servir en prenant sa défense.
Le malheur corrompt tout dans les cœurs abattus :
Et la rendre au bonheur c'est la rendre aux vertus.

FIN DU PREMIER ACTE.

# ACTE II.

## SCÈNE I<sup>re</sup>.

### MADAME DE FAUBLAS, MONVAL.

#### Mad. DE FAUBLAS.

C'EST vous qui dans ce lieu m'avez fait demander !
Monval, en un tel jour qu'osez-vous hasarder !
Votre visite ici me semble téméraire ;
A monsieur de Faublas elle ne saurait plaire.
Vous le savez ; il va rentrer dans un instant.
Chez l'abbesse avec nous notre curé l'attend.
N'appréhendez-vous pas...

#### MONVAL.

Et pourquoi me contraindre ?
Qui n'a plus rien à perdre a-t-il encore à craindre ?
L'aspect de votre époux ne peut m'intimider ;
Je n'ai plus avec lui de mesure à garder.
Non, je ne lui saurais pardonner de ma vie ;
Il va sacrifier l'aimable Mélanie !
Et vous l'avez souffert ! Et vous l'avez permis !
Il faudra que, livrée à d'éternels ennuis...

#### Mad. DE FAUBLAS

Toujours votre douleur est trop impétueuse.
Supposez-vous ma fille à ce point malheureuse ?
Qui vous l'a dit monsieur ? Et quel penchant si cher
Au monde qu'elle ignore aurait pu l'attacher ?
Son cœur avec le vôtre est-il d'intelligence ?
Vous abusez, Monval, de mon trop d'indulgence.
Vous m'avez confié votre amour, vos projets.
J'en aurais désiré de plus heureux effets.
Vos sentimens sont purs ; ils n'ont pu me déplaire ;
Et ma fille sans doute, ainsi qu'à vous, m'est chère.
Mais vous la connaissez : elle fait son devoir,
Et son père a sur elle un absolu pouvoir.

Quand elle aurait enfin aperçu votre flamme,
Vous êtes-vous flatté d'avoir fait sur son ame
Assez d'impression pour croire   qu'en ces lieux
Son destin loin de vous soit à jamais affreux ?

MONVAL.

Pouvez-vous me traiter avec tant d'injustice ?
Quand je suis au moment du plus cruel supplice ,
Pensez-vous que j'embrasse avec présomption
Du bonheur d'être aimé la douce illusion ?
Rien ne m'occupe ici , non , rien que Mélanie.
Il s'agit de son sort , il s'agit de sa vie ,
Et non pas d'un amour trop inutile, hélas !
Je n'en parlerai plus , vous ne le voulez pas ;
Mais qu'elle ne soit point esclave , infortunée.
Sans raison , dites-vous , je plains sa destinée.
Croyez que sur ce point on ne peut me tromper ;
Que rien à mes regards ne pouvait échapper ;
Que j'ai vu de ses maux les secrètes atteintes ,
Et qu'au fond de mon cœur j'entends toujours ses plaintes.
Je n'en suis que trop sûr ; elle souffre et gémit.
Vous-même (pardonnez) quoi que vous ayez dit ,
Vous-même , je le vois , vous gémissez comme elle.
Vous étouffez en vain la douleur maternelle.
Pourquoi vouloir tromper votre cœur et le mien ?
Réunissons nos maux , qu'ils soient notre entretien.
Un tyrannique époux vous défend d'être mère.
Eh ! soyez-le avec moi.

Mad. DE FAUBLAS.

                    Que prétendez-vous faire ?
Vous voyez mes chagrins ; pourquoi donc les aigrir ?
Monval , mon cher Monval , ils me feront mourir.
De monsieur de Faublas l'humeur est inflexible.
A la fortune seule il se montre sensible ;
Elle est le seul objet dont il paraisse épris ,
Et le cœur est un mot qu'il n'a jamais compris,
Non qu'il soit né méchant ; il est dur et sévère.
Il l'est par son état et par son caractère.
De calculs d'intérêt il est tout occupé,
Et de tous nos chagrins il est bien peu frappé.

Il n'y voit rien qu'erreur, que faiblesse, qu'enfance;
Ce n'est qu'à ses projets qu'il voit de l'importance.
Autant qu'on le pouvait, je les ai combattus;
Je m'y suis opposée; et que puis-je de plus?
Faut-il que la discorde entre nous se signale?
Que je donne au public des scènes de scandale?
Que je me fasse en vain un monde d'ennemis
Dans un parti puissant qui protége mon fils?
Mon fils! A quel effort ma douleur m'a forcée!
Devant lui sans succès je me suis abaissée.
Je l'avais conjuré de parler pour sa sœur.
Sa réponse équivoque et sa fausse douceur,
Ses protestations de zèle et de tendresses,
Ses regards affectés et ses froides promesses,
M'ont inspiré pour lui dans cette occasion
Plus de mépris encor que d'indignation.
Je n'ai rien obtenu, ni du fils, ni du père.

MONVAL.

Le plus coupable encor c'est cet indigne frère.
Lui seul jouit du mal que pour lui l'on commet;
Son hymen, sa fortune est le pris d'un forfait.
Il s'enrichit des pleurs de sa sœur qu'on opprime;
Il s'en repaît; il boit le sang de la victime.
Et c'est un frère! ô ciel! lui que vous implorez!..
Existe-t-il des cœurs ainsi dénaturés?
Et... vient-il contempler cette fête cruelle?

Mad. DE FAUBLAS.

Ah! vous me rappelez une alarme nouvelle.
D'Orcé doit s'y trouver, d'Orcé qui de mon fils
A senti d'autant plus les orgueilleux mépris,
Que lui-même a long-temps brigué cet hyménée,
Qui de l'heureux Melcour fonde la destinée.
On doit haïr sans doute un rival, un vainqueur
Qui joint à ses succès l'insulte et la hauteur.
Leur rencontre en ces lieux pourrait être funeste.
Mais vous, qui vous amène et quel espoir vous reste?
Pourquoi venir chercher ce spectacle odieux?

MONVAL.

Je veux de mon malheur m'assurer par mes yeux,

Voir l'affreux sacrifice et tout ce qu'il m'enlève !
Vous le dirai-je enfin ? Je doute qu'il s'achève.
On le prépare en vain ; je ne puis concevoir
Qu'on soit assez barbare et qu'on puisse vouloir....
Que dis-je ? Il est trop sûr que tout est sans remède.
A deux cœurs endurcis il faut donc que tout cède !
Que tant d'amour s'exhale en regrets superflus !...
Mais j'ai pris mon parti ; vous ne me verrez plus.
J'y suis déterminé ; je l'ai dit à ma mère.
J'abandonne un pays à mes vœux si contraire.
Le lieu de mon exil est au-delà des mers.
Je vais servir mon roi dans un autre univers.
Je cours m'y renfermer et je renonce au nôtre.
Ce n'est pas qu'en effet j'augure mieux de l'autre.
Les humains sont partout à l'intérêt livrés,
Et les cœurs vertueux sont partout déchirés.
J'en ai douté long-temps ; j'en ai l'expérience.
Mais je fuirai du moins des lieux où tout m'offense,
Et je n'entendrai point les lamentables cris...
Malheureux ! quelle erreur ! et qu'est-ce que je dis ?
Ah ! je croirai partout voir la pompe funeste,
Entendre prononcer le vœu que je déteste ;
Je trouverai partout ce parloir où mes yeux...

( En pleurant. )

Vous vous en souvenez... ces lieux, ces mêmes lieux,
Pour la première fois l'ont offerte à ma vue ;
Là, je crus sur son front voir cette ame ingénue ;
J'entendis ces accens à mon cœur si nouveaux !
Elle passait ses mains à travers ces barreaux...
C'est ici... c'est ici... la rage est dans mon ame.
Je sens mon désespoir s'accroître avec ma flamme :
C'est de ce lieu fatal l'inévitable effet.
Pourquoi m'y meniez-vous ?... Que vous avais-je fait ?

Mad. DE FAUBLAS.

Ciel ! ai-je mérité ce reproche barbare ?
Pouvez-vous oublier....

MONVAL.

Pardonnez ; je m'égare.

Pardonnez à ce cœur : il vous est bien connu ;

Il ressent vos bontés. Combien il eût voulu...

Mad. DE FAUBLAS.

Je n'ose me fier à votre impatience.
Écoutez. Nous avons encor quelque espérance.

MONVAL.

Comment! Que dites-vous? N'abusez point mon cœur.
Ne vous trompez-vous pas ? Parlez. Par quel bonheur...
Tous mes sens sont saisis et de crainte et de joie!

Mad. DE FAUBLAS.

Il nous reste un secours que le ciel nous envoie.
Notre digne pasteur, ce mortel révéré,
A servir l'infortune en tout temps préparé,
Est instruit en secret du chagrin qui m'accable;
Il prête à mes desseins son crédit secourable.
Il vient de voir ma fille; il a lu dans son cœur.
Comme moi de son père il blâme la rigueur.
Il pense que hâter les vœux de Mélanie,
C'est vouloir hasarder son salut et sa vie.
Il prétend obtenir au moins quelques délais,
Qui pourraient nous conduire à de plus grands succès.
Peut-être que son nom et son saint ministère,
Le poids de ses discours, sa vertu qu'on révère,
Sur monsieur de Faublas auront quelque pouvoir.
Cependant....

MONVAL.

　　　　Ah ! du moins c'est un rayon d'espoir;
N'allez pas me l'ôter. Souffrez que je respire;
Que...

Mad. DE FAUBLAS.

　　　L'on vient. Sur vous-même ayez donc plus d'empire.
C'est notre bon curé. Sans doute mon époux
Va le joindre bientôt. Allez, et laissez-nous.

MONVAL.

Que faudra-t-il, hélas ! qu'aujourd'hui je devienne ?
Je sors, mais permettez que du moins je revienne...

Mad. DE FAUBLAS.

Quand je le défendrais, ce serait bien en vain.

Éloignez-vous.

MONVAL.

Allons attendre mon destin.

( *Il sort.* )

# SCÈNE II.

### LE CURÉ, madame DE FAUBLAS.

LE CURÉ.

VOTRE fille a besoin des secours de sa mère ;
Ne l'abandonnez pas. J'attends ici son père.
Je m'en vais lui parler.

Mad. DE FAUBLAS.

Vous voyez mes terreurs.

LE CURÉ.

Tout dépend de ce Dieu qui dispose des cœurs.
Je n'épargnerai rien.

Mad. DE FAUBLAS.

C'est en vous que j'espère.
Défendez bien la fille, et vous sauvez la mère.

# SCÈNE VIII.

### LE CURÉ, *seul.*

HÉLAS ! que votre sort n'est-il entre mes mains !
Que ne puis-je extirper ces abus inhumains !
Faut-il long-temps...

# SCÈNE IV.

### Monsieur DE FAUBLAS, LE CURÉ.

M. DE FAUBLAS.

Eh bien, vous avez vu ma fille.
Se rend-elle aux souhaits de toute la famille ?
Est-elle résignée ?

### LE CURÉ.

Écoutez-moi, monsieur :
Quand le ciel , sur vos jours signalant sa faveur,
Pour la première fois offrit à vos caresses
Le gage heureux et cher de vos pures tendresses,
N'avez-vous pas alors promis à votre cœur
De chérir cette enfant, de faire son bonheur ,
D'assurer, sous l'abri de votre expérience,
A son ame, à ses jours, la paix et l'innocence ?

### M. DE FAUBLAS.

Il est vrai , c'est aussi...

### LE CURÉ.

Répondez seulement.
Voulez-vous en effet respecter ce serment ?
Le croyez-vous sacré ?

### M. DE FAUBLAS.

Je le tiendrai sans doute.

### LE CURÉ.

Eh bien ! il n'est plus rien que de vous je redoute.
Il suffit qu'à vos yeux brille la vérité.
J'annonce, au nom du ciel et de l'humanité,
Qu'on dicte à votre fille en cet instant funeste
Des vœux que Dieu réprouve et que son cœur déteste ;
Et si dans ce dessein vous persistez toujours,
Vous mettez en danger son salut et ses jours.

### M. DE FAUBLAS.

Son salut ?

### LE CURÉ.

Votre bouche à ce mot se récrie.
Vous semblez moins frappé du danger de sa vie.
Tous deux pourtant sont chers , tous deux également,
Dépendent aujourd'hui du même événement.
Ne vous y trompez pas : le temps, le péril presse.
Souffrez que l'amitié qui pour vous m'intéresse
Retrace à vos regards ce que vous oubliez.
C'est votre fille , hélas ! que vous sacrifiez.
Je viens de lui parler : cette ame douce et pure
Épanchait ses chagrins sans fiel et sans murmure ,

Et sans vous accuser déplorait son malheur :
De toutes les vertus le germe est dans son cœur.
Sous les yeux paternels ce germe s'en va croître ;
Ah ! ne l'étouffez pas dans les ennuis du cloître.
Pourquoi vous refuser la douceur d'en jouir ?
Loin de le cultiver, pourquoi l'ensevelir ?
Votre fille en naissant enlevée à son père,
Si vous la connaissiez, vous deviendrait plus chère.
Elle va devant vous paraître toute en pleurs ;
Vous ne soutiendrez point l'aspect de ses douleurs.
Elle a pour le couvent une invincible haine ;
Et n'imaginez pas que le temps la ramène.
Cette horreur est trop forte, et c'est un sentiment
Dans le fond de son cœur gravé profondément.
Ce zèle qui du monde à jamais nous sépare,
Est peut-être du ciel le présent le plus rare.
Quand vous verrez ses jours au désespoir livrés,
Vous en serez la cause, et vous en gémirez.
Il ne sera plus temps.

M. DE FAUBLAS.

                Je ne saurais comprendre
Les soins inopinés qu'ici vous daignez prendre.
Je vous avais prié de raffermir un cœur
Dont j'ai vu tout-à-coup s'affaiblir la ferveur,
Et non de m'occuper de ses douleurs timides.
Il faut entre nous deux des discours plus solides.
Il faudrait des raisons...

LE CURÉ.

                Des raisons ! Vous pensez
Que je puis contre vous n'en pas avoir assez !
Vous ! ministre des lois, dont l'autorité sainte
Annulle tous les vœux formés par la contrainte,
Organe des arrêts de leur temple émanés,
Osez-vous faire ici ce que vous condamnez ?
A votre tribunal que tout autre en appelle ;
Il trouvera dans vous un magistrat fidèle :
Contre l'oppression vous serez son appui,
Vous agirez en juge ; et jusques aujourd'hui
Vous avez soutenu ce caractère auguste.

Pour votre fille seule allez-vous être injuste ?
De tous vos jugemens comptable à l'équité ,
Croyez-vous de ce droit votre sang excepté ?
Si les lois ont aux vœux mis un frein salutaire ,
Croyez-vous donc le ciel moins juste que la terre ?
Pensez-vous qu'il reçoive un hommage forcé?
Qu'il bénisse un tribut dont il est offensé ?
Eh ! le vœu le plus libre et le plus volontaire
Au Dieu qui prévoit tout peut sembler téméraire ;
Peut-être qu'il faudrait que l'homme , le chrétien
Demandât tout au ciel , et ne lui promît rien.
Dans nos livres sacrés , la céleste vengeance (1)
Confond deux fois des vœux la coupable imprudence:
Dans Jephté , dans Saül , nous la voyons punir
Ce souhait orgueilleux d'enchaîner l'avenir.
Leur vœu devient un crime, et leur succès un piége.
L'un se rend parricide , et l'autre sacrilége.
Tant le ciel veut apprendre aux aveugles humains
A ne point prononcer sur leurs propres destins !
Ces héros des déserts , ces premiers cénobites
Vivaient unis entr'eux sous des règles prescrites.
Le travail, la prière , occupaient leurs instans.
Ils étaient des forêts les libres habitans.
Libres , ils préféraient leur retraite profonde,
Leur cabane rustique , aux volontés du monde ;
Et rien ne cimentait cette société ,
Que les liens du zèle et de la piété.
Eh bien ! qu'à cet exemple on forme des asiles :
Qu'on ouvre, si l'on veut , des demeures tranquilles
Au mortel gémissant que le sort a frappé ,
Au repentir qui pleure , au vieillard détrompé.
Mais loin de nous des vœux la chaîne dangereuse.
Tombez, portes de fer , barrière injurieuse ;

---

(1) Il faut observer que les vœux sont un point de dis-
cipline , et non de doctrine, sur lequel on peut, par
conséquent, avoir un avis; et que d'ailleurs un ouvrage
de théâtre ne doit pas se juger comme un ouvrage de
théologie.

Et que l'homme, épurant son hommage et son cœur,
Par l'amour des vertus s'élève à son auteur.

M. DE FAUBLAS.

Vous condamnez les vœux, je le vois, et peut-être
Ce langage surprend dans la bouche d'un prêtre;
Mais l'église du moins me défend contre vous.

LE CURÉ.

L'église! Je la prends pour arbitre entre nous.
Il est, je le confesse, et je dois y souscrire,
Des vœux qu'elle autorise, et qu'un pur zèle inspire;
Mais elle veut toujours qu'on soit libre en son choix.
Elle veut, quand du cloître on embrasse les lois,
Que le ciel, le salut, soient nos motifs augustes;
Mais les erreurs du siècle et les projets injustes!
Mais d'une faible enfant se rendre l'oppresseur;
Lui commander des vœux qui lui sont en horreur,
Que l'avarice attend, et que la crainte souille!
Offrir son ame à Dieu pour ravir sa dépouille!
Faire entre deux enfans qu'on a reçus des cieux,
De l'amour, de la haine, un partage odieux!
Grand Dieu! que de l'orgueil cet horrible édifice
S'écroule et disparaisse aux yeux de ta justice!
C'est l'église, monsieur, qui parlerait ainsi:
Vous osiez l'attester, et je l'atteste aussi.
Craignez de mériter son terrible anathême,
Craignez le ciel vengeur, craignez votre cœur même;
Le remords vous attend : soyez père et chrétien.
Faites votre devoir, j'ai satisfait au mien.

M. DE FAUBLAS.

Ce discours menaçant est au moins inutile.
Ne me reprochant rien, je dois être tranquille.
Monsieur, de ce couvent le sage directeur,
Qui conduit Mélanie et connaît bien son cœur,
Approuve à son égard ma fermeté sévère.
Il veut que l'on combatte une erreur passagère,
Et non pas que l'on cède aux premiers mouvemens
D'une jeunesse aveugle en tous ses sentimens.
Il a de son état les mœurs et le langage,
Et ne les blâme pas pour avoir l'air d'un sage.

LE CURÉ.

Je blâme les excès, je blâme les abus.
Il n'est que trop d'esprits lâches et corrompus
Qui vivent sans principe et pensent sans courage,
Sourds à la vérité, mais soumis à l'usage,
Et qui, dans un état lorsqu'ils sont engagés,
Au rang de leurs devoirs comptent ses préjugés.
Je suis loin d'adopter ce mérite stérile.
Ma règle est d'être vrai, mon état d'être utile.
Qnant au titre de sage en nos jours prodigué,
Dénigré par la haine et par l'orgueil brigué,
Celui qui le mérite honore la nature.
L'ignorance et l'envie en ont fait une injure ;
L'hypocrite, un forfait ; l'honnête homme, un devoir.
Je vois que mes discours sont sur vous sans pouvoir ;
Et que du directeur l'avis et le suffrage,
Flattant vos passions, ont sur moi l'avantage.
Les formes sont pour vous, je le sais : mais, monsieur,
Vous ne séduirez point le ciel ni votre cœur.
C'est assez, votre fille attend sa destinée :
Vous allez à jamais la rendre infortunée ;
Vous dédaignez ses pleurs, vous la désespérez.
C'est un crime, monsieur, et vous en répondrez ;
Pesez ces derniers mots.

M. DE FAUBLAS.

ces mots sont un outrage,

Et...

LE CURÉ.

Vous vous en direz quelque jour davantage ;
Pour vous tirer d'erreur je n'ai rien ménagé :
C'est sur notre entretien que vous serez jugé.
Adieu, monsieur.

## SCÈNE V.

MONSIEUR DE FAUBLAS, *seul.*

Je vois où l'on veut me conduire.
Contre mon fils et moi je vois que tout conspire,

C'est un parti formé ; je n'en saurais douter.
Nous verrons si sur moi quelqu'un doit l'emporter ;
Si d'un zèle offensant l'amertume indiscrète
Doit...

## SCÈNE VI.

MONSIEUR ET MADAME DE FAUBLAS , MÉLANIE,
*et un moment après* MONVAL.

M. DE FAUBLAS.

APPROCHEZ , madame , et soyez satisfaite.
Vous êtes bien servie , il le faut avouer ;
Et de votre pasteur vous devez vous louer.
Il signale pour vous l'amitié la plus vive ;
Il a tout employé jusques à l'invective :
Je dois tout à vos soins et je les reconnais ;
Et vous allez en voir la suite et le succès.
     ( *A Mélanie.* )
Ma volonté , ma fille , est assez annoncée.
La moitié de ce jour n'est pas encor passée ;
Il vous reste un moment, il faut en profiter
Pour recueillir vos sens et pour les surmonter ;
Pour soumettre à la voix d'un Dieu qui vous appelle,
Ce cœur qui fut long-temps et docile et fidèle.
S'il a cessé de l'être et semble chanceler ,
Moi , je ne change point, rien ne peut m'ébranler.
Vous-même avez choisi cette sainte demeure ;
Et, pour vous y fixer, le ciel a marqué l'heure.
Vous devez désormais y borner tous vos vœux.
     ( *A Monval, qui entre en tremblant.* )
Je conçois quel dessein vous amène en ces lieux.
Malgré tous vos efforts rien n'a changé de face ;
Vous pouvez à l'église aller prendre une place.

MÉLANIE.

Monval !... ma mère !

Mad. DE FAUBLAS.

Hélas ! ma fille ! tu gémis !

MONVAL , *à Mad. de Faublas, à demi-voix.*

Madame... et c'est donc là ce que l'on m'a promis ?

### MÉLANIE.

Mon père, votre voix m'accable et m'épouvante,
Pardonnez... devant vous vous me voyez tremblante.
Votre ton, vos discours, m'inspirent plus d'effroi
Que ces vœux si cruels qu'on exige de moi.
Je vois trop qu'à vos yeux je suis une étrangère :
Ce cœur, qui m'est fermé, ne s'ouvre qu'à mon frère.
Qu'il me soit préféré, je ne demande rien ;
Ma dépouille est à lui, donnez-lui tout mon bien ;
Qu'il soit, puisqu'on le veut, l'espoir de sa famille :
Mais pourquoi loin de vous exiler votre fille ?
Des droits de ma naissance, à mon frère transmis,
Qu'un seul me reste au moins et qu'il me soit permis
D'habiter près de vous le toit où je suis née.
Pourquoi de mes parens serais-je abandonnée ?
Je n'ai jusques ici que trop vécu loin d'eux.
Hélas ! de tous mes maux le principe odieux
C'est cet éloignement qui, depuis ma naissance,
A vos yeux, à vos soins déroba mon enfance.
Votre sang aujourd'hui ne peut plus vous toucher.
Faut-il que de vos bras on ait pu m'arracher ?
Faut-il que cette absence, et si longue et si dure,
Ait effacé les traits qu'imprime la nature ?
Que ma voix, que mes pleurs, les rappellent en vous.
O mon père ! mon père !... Eh ! quoi ! ce nom si doux
Pour moi seule à jamais doit-il être terrible ?
Au cri de ma douleur êtes-vous insensible ?...
J'embrasse vos genoux... ne m'en repoussez pas.
Recevez-moi chez vous : daignez, daignez, hélas !
Ne point y rebuter les soins de ma tendresse;
Que ma mère avec vous les partage sans cesse :
Et vos yeux à me voir pourront s'accoutumer ;
Vous pourrez me souffrir, et peut-être m'aimer;
Oui, m'aimer... est-ce donc un effort pour un père ?

### M. DE FAUBLAS.

Levez-vous. En tout temps vous m'avez été chère.
Vous pourrez adoucir ce chagrin passager ;
Mais mon sort tient au vôtre, et ne peut plus changer.
Calmez-vous, et cessez de vouloir l'impossible.

MONVAL.

(*A part.*)    (*Haut.*)

Ah! barbare!... A ce point vous seriez inflexible ;
Ses larmes, sa candeur , n'ont pu vous émouvoir !
Vous pouvez la réduire au dernier désespoir !

M. DE FAUBLAS.

Eh! pourquoi donc , monsieur , prenez-vous sa défense?
Quels titres avez-vous ?

MONVAL.

Tous ceux de l'innocence ,
Tous ceux de la justice et de l'humanité.

M. DE FAUBLAS.

N'affectez point ici de générosité ,
Je sais quel intérêt vous parle et vous anime.

MONVAL.

J'oserai l'avouer , oui, ce n'est pas un crime ,
Oui , je l'aime , monsieur , je le dois , je le veux ;
Je suis sûr de sentir un penchant vertueux :
J'avais su le contraindre , et malgré ma tendresse
J'ai toujours respecté son état , sa jeunesse ;
Je le déclare à vous qui croyez m'imposer,
Qui croyez à la fois répondre et m'accuser ;
Je le dis au moment de perdre ce que j'aime ;
Mais je parle pour elle et non pas pour moi-même.
Je ne suis rien ici qu'un témoin étranger ,
Qu'un homme, et c'est assez , monsieur , pour vous juger ;
C'est assez pour vous dire, au nom de la nature,
Que vous abusez trop d'une autorité dure,
Que vous êtes armé d'une injuste rigueur.
Et quel droit avez-vous d'ordonner son malheur !
Nul être , quel qu'il soit, n'a ce droit sur un autre ;
Ce droit, fût-il fondé, doit-il être le vôtre?
Et contre votre sang devez-vous l'exercer ?
Si c'était votre fils, l'oseriez-vous forcer
A fléchir malgré lui sous le joug monastique ?
Il braverait bientôt une puissance inique ,
Il fuirait loin de vous , réclamerait les lois.
Mais ce sexe est sans force, on étouffe sa voix ,

On l'opprime sans crainte... Ah ! l'innocence aimable,
Pour être désarmée, en est plus respectable ;
Les larmes du malheur sont un objet sacré.
Si ce sexe en nos mains sans secours est livré,
La nature, dans nous préparant sa défense,
Prit soin de lui donner, contre la violence,
Ce qui de tous les cœurs fléchit la dureté,
Ce qui désarme tout, les pleurs et la beauté.
Vous seul y résistez.

M. DE FAUBLAS.

Quoi ! jeune téméraire,
Vous osez m'insulter ! vous outragez un père !

MONVAL.

Un père ! vous ! soyez-le, et je tombe à vos pieds.
Non, vous ne l'êtes pas.

Mad. DE FAUBLAS.

Monval, vous oubliez...

M. DE FAUBLAS.

Vous l'arrêtez trop tard ; il n'est plus temps, madame.
Vous avez enhardi son audace et sa flamme ;
Vous voyez les affronts qu'il me faut supporter.

Mad. DE FAUBLAS.

C'en est trop, à vous seul il faut les imputer.
Êtes-vous étonné d'essuyer des murmures,
De voir gémir nos cœurs et saigner nos blessures ?
Défendez-vous la plainte en nous immolant tous ?

M. DE FAUBLAS.

En ai-je assez souffert ? Je ne m'en prends qu'à vous,
Mélanie. Il est temps d'apaiser ma colère ;
Craignez-en les effets. J'ordonne, je suis père ;
Je veux qu'on m'obéisse, et sans plus différer.
(*A madame de Faublas.*)
Si vous n'y consentez, il faut nous séparer,
Madame ; je renonce à la mère, à la fille,
Et je romps pour jamais avec votre famille.
J'attendais plus d'égards et de soumission.
(*A Mélanie.*)
Vous seule aurez causé notre désunion,

Ma fille; vous aurez allumé nos querelles.
La malédiction suit les enfans rebelles,
Et la mienne à la fin pourrait tomber sur vous.
Craignez ce dernier trait de mon juste courroux;
Craignez...

MÉLANIE.

Qu'entends-je! ô ciel! Ah! ce comble d'injure
De mon cœur révolté fait sortir la nature.
Le vôtre dès long-temps avait su la bannir,
Et j'apprends de vous seul à ne la plus sentir.
Vous en avez détruit jusqu'à la moindre trace;
Un affreux désespoir en mon sein la remplace.
Vous osez insulter à mes sens effrayés!
Vous menacez encor, quand je meurs à vos pieds!
Et qu'ajouteriez-vous aux maux que vous me faites?
Je puis vous défier, tout cruel que vous êtes.
Si je peux vous haïr, qu'ai-je à craindre de plus?
Mes jours étaient maudits quand je les ai reçus;
La malédiction a tonné sur ma tête,
A l'instant où ma mère...

Mad. DE FAUBLAS.

O Mélanie, arrête.
N'achève pas...

MÉLANIE.

Non... non... je ne me connais plus.
Je cède à des transports qui m'étaient inconnus.
Vous! oser attester le ciel qui vous condamne!
Qui? vous! de son courroux vous vous croyez l'organe,
En joignant l'injustice à l'inhumanité!
Ah! vous-même, tremblez que ce cri redouté,
Qu'élève vers les cieux d'une voix désolée
Sous les pieds des tyrans l'innocence foulée,
Ce cri qu'un Dieu vengeur n'a jamais repoussé,
Ne sorte de mon ame et ne soit exaucé.

Mad. DE FAUBLAS.

Ma fille!..

MÉLANIE.

Qu'ai-je dit! je m'emporte... ma mère!

Cet assaut douloureux, soutenu contre un père,
Vient d'épuiser ma force... elle succombe... Hélas!
Si je pouvais mourir!.. recevez dans vos bras...

       ( *Elle s'évanouit.* )

Je me meurs.

      Mad. DE FAUBLAS.

     Ciel! ô Ciel! Je tremble pour sa vie.
Ah! ma fille! ah! Monval!

       MONVAL.

      Malheureux!.. Mélanie!...
Elle ne m'entend plus... du secours!... venez tous!...
(*Il court pour sonner la cloche du parloir. M. de Fau-
blas se met au-devant de lui.*)

      M. DE FAUBLAS.

Non, arrêtez, monsieur; il suffira de nous.
Voulez-vous donc ici répandre l'épouvante?

       MONVAL.

Et qu'importe, grand Dieu! Mélanie est mourante;
Et je cours...

      Mad. DE FAUBLAS.

     Non, Monval; elle rouvre les yeux.
Elle reprend ses sens. Ma fille!

       MÉLANIE.

       Où suis-je? ô cieux!

( *Elle aperçoit son père, et se jette avec effroi dans les
bras de sa mère.*)
Que vois-je?

     MONVAL, *à M. de Faublas.*

     Regardez ces objets lamentables;
Regardez... Quoi! vos yeux, vos yeux impitoyables
Soutiennent froidement cet horrible tableau!
Vous êtes un tyran; vous êtes un bourreau.

      M. DE FAUBLAS.

Sortez d'ici, monsieur : la fureur vous égare.
Vous me ferez raison...

       MONVAL.

     Ah! d'un pouvoir barbare

Elle peut après tout braver les cruautés.
Elle peut s'affranchir...

Mad. DE FAUBLAS.

Cher Monval, écoutez...

MONVAL.

Rien ne me retient plus : mon sang bout dans mes veines.
Va, tu peux te soustraire à des lois inhumaines,
O chère infortunée ! écoute ton amant.
Ne crois rien que l'amour dans un pareil moment.
Crois que dans l'univers il n'est point de puissance
Qui jamais contre toi porte la violence
Jusques à t'arracher d'involontaires vœux.
Le courage suffit pour nous sauver tous deux.
Approche sans trembler de l'autel qu'on prépare ;
Et loin de prononcer ce serment si barbare
Que Dieu rejetterait, que dément notre amour,
Atteste l'Éternel présent dans ce séjour ;
Prends-le, dis-je, à témoin contre la tyrannie;
Et si j'ai quelque droit sur ton cœur, sur ta vie,
Ajoute, il en est temps, que des feux mutuels
Nous enchaînent tous deux par des nœuds immortels;
Qu'on impose à ton ame un effort impossible.
Tout ce qui sut aimer, tout ce qui fut sensible,
Doit en notre faveur s'émouvoir à la fois.
Moi pour te seconder j'élèverai ma voix,
Je volerai vers toi sans craindre aucun obstacle.
Tes larmes, nos malheurs, et ce touchant spectacle,
Nos cris et nos transports, la sainteté du lieu,
Et ce nom si sacré dans le temple d'un Dieu,
L'humanité, voilà ce qui doit nous défendre.
Père injuste, voilà ce que j'ose entreprendre.
Croyez que de ces lieux rien ne peut m'arracher.
Je dirai ce qu'en vain vous voudriez cacher,
Ce qui n'a point ému votre cœur implacable.
Je la retracerai cette scène effroyable,
Votre fille expirante et votre épouse en pleurs,
Votre épouse à vos yeux contraignant ses douleurs,
Que vous faites mourir par de lentes atteintes ;
Que vous assassinez en étouffant ses plaintes ;

20

J'attendrirai les cœurs , je les remplirai tous
D'horreur pour un barbare et de pitié pour nous.

### M. DE FAUBLAS.

D'un vieillard désarmé vous bravez la faiblesse.
Mais j'ai du moins un fils ; et sa main vengeresse...

### MONVAL.

Qui ? lui ! de vos fureurs le complice odieux !
Melcour ! malheur à lui s'il s'offrait à mes yeux !

### Mad. DE FAUBLAS.

Que dites-vous, Monval ! quelle fougue imprudente !...

### M. DE FAUBLAS.

Ne craignez point , madame , une audace impuissante.
On peut la réprimer. Suivez-moi toutes deux.

### MONVAL.

Et moi jusques au bout je vous suis dans ces lieux.
Dans mes justes desseins s'il faut que je succombe ,
Sous l'autel où je cours puisse s'ouvrir ma tombe.
Que ce temple fatal, où l'on nous attend tous,
S'écroule sur ma tête et m'écrase avec vous.

### M. DE FAUBLAS.

Il suffit ; nous verrons ce que vous pourrez faire.
Tant de témérité recevra son salaire.
Allons.

### MONVAL.

O Mélanie !... on me l'arrache !... ô cieux ,
Du moins vengez mes maux ; ils seront moins affreux.
( *Madame de Faublas rentre avec sa fille dans l'intérieur du couvent. Monsieur de Faublas sort d'un
côté et Monval de l'autre.* )


FIN DU SECOND ACTE.

# ACTE III.

## SCÈNE I<sup>re</sup>.

### MÉLANIE , *seule.*

Pour la dernière fois il consent à m'entendre.
Que sert cet entretien? Que puis-je encore attendre?
Il a pris son parti , je dois prendre le mien.
Un père! Quoi! son sang ! Quoi! je n'obtiendrai rien !
Ainsi l'on foule aux pieds la faiblesse éplorée!
Ah ! d'indignation mon ame est pénétrée;
Mon ame se soulève : ô Monval ! c'est en toi
Que j'ai cru voir un cœur qui sentît comme moi.
Le mien t'appelle en vain... quelle est mon espérance?...
Avec quelle chaleur il a pris ma défense !
Quel feu dans ses discours! et que mon cœur saisi
S'applaudissait tout bas d'avoir si bien choisi!
Hélas ! ce transport même à tous deux est contraire.
Monval est à jamais l'ennemi de mon père.
On ne pardonne point à qui nous fait rougir;
Et d'après ses conseils quand j'oserais agir,
Quel en serait l'effet ?... Non , jamais Mélanie
Au sort de son amant ne peut se voir unie.
Que dis-je ? on veut armer mon frère contre lui ;
Mon père réclamait un vengeur , un appui.
Quelle horreur se répand sur ma famille entière !
Mon frère est exposé , je désole ma mère.
Je perds ce que j'adore ! il faut se décider.
Mon père me méprise et croit m'intimider.
Il ne voit rien en moi qu'une esclave tremblante,
Il verra si j'ai l'ame intrépide et constante.
Je le vois ; la retraite et la réflexion,
D'un sentiment contraint la longue impression,
Donne aux sens recueillis un courage tranquille.
Allons; pour Mélanie il n'est qu'un seul asile.
Il est temps d'y courir : on nous dit qu'autrefois
La vierge de Vesta , que condamnaient les lois,

Calmant par son trépas la publique épouvante,
Vers la tombe entraînée y descendait vivante.
De cette horrible mort, qui fait frémir les sens,
Peu d'heures, après tout, achevaient les tourmens.
Mais alors qu'une fois on a courbé sa tête
Sous le voile effrayant que pour moi l'on apprête;
Lorsque l'on a promis d'oublier les vivans,
La tombe se referme, et l'on y meurt long-temps.
Quel sort! Et toi, Monval! hélas! sans Mélanie,
(Si je connais mon cœur) souffriras-tu la vie?
Je l'abhorre sans toi : l'on vient; il faut parler.
Son aspect malgré moi me fait toujours trembler.


# SCÈNE II.

## Monsieur DE FAUBLAS, MÉLANIE.

### M. DE FAUBLAS.

Vous m'avez demandé : qu'avez-vous à me dire?
J'ai cru que le devoir reprenait son empire,
Que vous alliez enfin obéir à ma voix.

### MÉLANIE, *d'un ton calme et tremblant.*

J'ai voulu vous redire une seconde fois
Que le joug du couvent à mes yeux est horrible;
Que la mort, oui, la mort me semble moins terrible;
Que, s'il faut à ce joug que mon sort soit livré,
On peut attendre tout d'un cœur désespéré;
Que de ce désespoir, qui de tout est capable,
D'avance devant Dieu je vous rends responsable.

### M. DE FAUBLAS.

Allez, quand vous aurez rempli sa volonté;
Lui-même il bénira votre docilité.
Lui-même il vous rendra le calme et le courage.

### MÉLANIE.

Le courage! j'en ai, j'en saurai faire usage.
Je n'ajoute qu'un mot: si vous étiez certain
Que l'heure où dans le temple un serment inhumain
Aurait à ce couvent enchaîné ma misère,

De mes jours dévoués serait l'heure dernière ;
Si vous en étiez sûr, pourriez-vous le vouloir ?

M. DE FAUBLAS.

On ne meurt point, ma fille, et l'on fait son devoir.

MÉLANIE.

Eh ! bien, je le ferai : souffrez que je vous quitte.
Je sens qu'il faut encore au trouble qui m'agite
Un moment de repos dans ces lieux retirés ;
Vous allez voir bientôt ce que vous désirez.

# SCÈNE III.

### MONSIEUR DE FAUBLAS, *seul*.

Un aussi long combat devient enfin pénible.
Plus que je ne pensais, ce jour paraît terrible.
Ce n'est pas sans effort que mon cœur s'affermit.
Ici, de tous côtés on m'accuse, on gémit.
D'un jeune audacieux j'endure les outrages.
Ne pourrai-je à la fin apaiser tant d'orages ?
Et d'où vient que j'éprouve un serrement de cœur,
Cet effroi que produit l'approche du malheur ?

# SCÈNE IV.

### MONSIEUR ET MADAME DE FAUBLAS.

Mad. DE FAUBLAS.

Courez, monsieur, courez ; on les a vus ensemble.
Votre fils et d'Orcé sont aux mains.

M. DE FAUBLAS.

Ciel ! je tremble.

Mad. DE FAUBLAS.

Ils se sont rencontrés assez près de ces lieux.
Peut-être il n'est plus temps... Allez, volez.

M. DE FAUBLAS, *en sortant*.

O cieux !

## SCÈNE V.

### MADAME DE FAUBLAS, *seule.*

Que de maux à la fois ! Ma fille ! que fait-elle ?
Non, l'on ne verra point cette pompe cruelle.
L'enfer la préparait ; et ces tristes apprêts
Vont peut-être aujourd'hui finir par des forfaits.
Que ce cœur maternel rassemble de souffrances !
Mes enfans ! mes enfans ! je me meurs dans les transes.
Je la vois.

## SCÈNE VI.

### MADAME DE FAUBLAS, MÉLANIE.

( *Mélanie en voyant sa mère fait un geste de surprise
et de douleur.* )

#### Mad. DE FAUBLAS.

Mon aspect semble t'épouvanter.

#### MÉLANIE.

Voilà le seul moment que j'ai dû redouter :
Quels adieux ! Je croyais trouver ici...

#### Mad. DE FAUBLAS.

Ton père ?

#### MÉLANIE.

Mon père, dites-vous ? non, votre époux, ma mère,
Votre ennemi, le mien, mon barbare oppresseur.
Tous mes nœuds sont rompus en ce moment d'horreur.
On le commande, on veut que je m'ensévelisse !
J'obéis.

#### Mad. DE FAUBLAS.

Que dis-tu ? Suis-je donc leur complice ?

#### MÉLANIE.

Vous êtes leur victime, hélas ! ainsi que moi.

Je vous connais ; je sais tout ce que je vous dois.
C'est là mon seul regret.

Mad. DE FAUBLAS.

Tu ne sais pas encore
( *A part.* )

Jusqu'où vont mes malheurs ! Mais non , non ; qu'elle
    ignore
Les désastres nouveaux qui nous menacent tous,
Elle me plaindrait trop...

MÉLANIE.

De quoi me parlez-vous ?

Pourriez-vous m'annoncer quelque nouveau supplice ?
L'adieu que je vous dis finit mon sacrifice.
Il est d'autres adieux où je n'ose penser.
Si j'avais pu pourtant !... Il faut y renoncer.
Parlez-lui quelquefois, parlez de Mélanie.
Ce n'est que pour vous deux que j'eusse aimé la vie.
Qu'il apprenne de vous à quel point je l'aimais !
De cette bouche , hélas! il ne l'apprit jamais.
Vous le savez trop bien... Dieu! quel sort est le nôtre !
Allons... il faut... il faut nous quitter l'une et l'autre.

Mad. DE FAUBLAS.

Non, je viendrai toujours partager ta douleur.
On ne t'ôtera point de mes bras, de mon cœur.
Tu me verras toujours , fille innocente et chère.
Ne veux-tu plus me voir ?

MÉLANIE.

Jamais , jamais, ma mère.

Ma mère... cet adieu... vous ne l'entendez pas.

Mad. DE FAUBLAS.

Tu me glaces d'effroi... Que veux-tu dire ? hélas !
Pourquoi me présenter cette funeste idée ?
De quel sombre transport tu sembles possédée !
Oses-tu m'annoncer cet entier abandon ?
Eh ! quoi ! ta mère aussi ne te verrait plus ?

MÉLANIE.

Non.

On n'a plus de parens dans ma froide demeure.
Il en est que j'abhorre, il en est que je pleure.
Vivez du moins, vivez plus heureuse que moi.

Mad. DE FAUBLAS.

Heureuse! quand tu veux me séparer de toi!
Ciel! je perds un enfant, et je tremble pour l'autre:
On ne vient point encor.

MÉLANIE.

Mais quel trouble est le vôtre?

Vous détournez de moi vos regards et vos pas?
Il n'est plus temps de craindre, et qu'avez-vous?

Mad. DE FAUBLAS.

Hélas!

Je ne puis résister à mon inquiétude.
De ce double tourment le poids devient trop rude.
Je vois ton front pâlir et tes traits s'altérer!

MÉLANIE.

Ciel! ô ciel! de quel feu je me sens dévorer!
Toute ma fermeté cède au mal qui me tue.
J'espérais dérober ma mort à votre vue...
Que celui qui la cause en serait seul témoin.
Le poison...

(*Elle tombe dans le fauteuil.*)
Mad. DE FAUBLAS.

Dieu! je cours...

MÉLANIE.

Non, demeurez; ce soin

Ne me sauverait pas, il n'est plus de remède.
Il n'en est plus.

Mad. DE FAUBLAS *court ouvrir la porte du parloir.*

Venez, ah! venez à mon aide.

## SCÈNE VII.

**Monsieur et madame DE FAUBLAS, MÉLANIE,**
*quelques sœurs converses s'empressant autour de
Mélanie.*

Mad. DE FAUBLAS.

Ah ! monsieur !

M. DE FAUBLAS.

Ah ! madame, on ne les trouve pas.
Vainement j'ai cherché la trace de leurs pas.
Mes amis avec moi, partageant mes alarmes,
Courent de tous côtés... Je vois couler vos larmes.

Mad. DE FAUBLAS.

Apprenez, apprenez un malheur plus certain,
Que vous avez causé, que j'ai prédit en vain.
Votre fille est mourante, elle est empoisonnée.

M. DE FAUBLAS.

Ciel ! ma fille !

## SCÈNE VIII.

**Les acteurs précédens, LE CURÉ.**

LE CURÉ.

O monsieur ! ô mère infortunée !
Je n'ose vous parler, je respecte vos pleurs.
C'est le ciel qui vous frappe, offrez-lui vos douleurs.
Que je vous plains tous deux !

Mad. DE FAUBLAS.

Plaignez-nous davantage.
Regardez nos malheurs, regardez son ouvrage.
Elle meurt, elle touche à ses derniers instans.
Ma fille ! le poison a coulé dans ses flancs.

LE CURÉ.

Vous me faites frémir, et ce coup est horrible.

MÉLANIE.

Faut-il vous en porter un autre aussi sensible ?
Pourrai-je vous apprendre...

M. DE FAUBLAS.

Ah ! je n'ai plus de fils.

LE CURÉ.

Hélas ! il est trop vrai.

M. DE FAUBLAS.

Grand Dieu ! tu me punis !

LE CURÉ.

Monval cherchait Melcour , et que sais-je ? peut-être
De ses premiers transports il n'eût pas été maître.
Il voit leur choc de loin , il court les séparer ;
Mais il est arrivé pour le voir expirer.

M. DE FAUBLAS.

Je perds tout.

# SCÈNE IX.

LES ACTEURS PRÉCÉDENS , MONVAL.

MONVAL , *à madame de Faublas, sans voir Mélanie.*

Ah ! quels maux accablent notre vie !
Le ciel a trop vengé les pleurs de Mélanie.
J'ai voulu vainement...

*( La scène est disposée de manière que Mélanie d'un
côté du théâtre est dans un fauteuil, ayant sa mère
à sa droite, penchée sur elle, quelques sœurs converses à sa gauche ; et de l'autre côté M. de Faublas
est dans l'attitude de l'accablement. Le curé est auprès de lui.)*

MÉLANIE.

O Monval !

MONVAL.

Quelle voix !

Elle m'appelle encor !.... ah ! qu'est-ce que je vois ?
*( Il tombe à genoux devant elle.)*

MÉLANIE.

Ton amante qui meurt pour te rester fidèle.
Je vivais pour t'aimer : ma mort est moins cruelle,
Puisque je puis du moins, justifiant ton choix,
T'avouer mon amour pour la première fois.

MONVAL.

Tu m'aimes et tu meurs ! ô Mélanie ! ô rage !

MÉLANIE.

Un breuvage mortel m'arrache à l'esclavage.
Du jour où je t'ai vu je jurai d'être à toi :
L'amour à tous les deux dicta la même loi ;
Ma mère y souscrivait, si le ciel en colère
Ne m'eût fait rencontrer un tyran dans un père.
Il versa dans mon sein le poison des douleurs,
Plus cruel mille fois que celui dont je meurs.
Cet homme injuste et dur accabla Mélanie
Du pouvoir qu'il reçut pour protéger ma vie.
Il vit mon désespoir avec tranquillité,
La nature en son cœur n'a jamais habité.
La mort est dans le mien : des serpens le déchirent.
        ( *Aux sœurs.* )
O vous, que des malheurs à ce spectacle attirent,
Et vous qui ressentiez les feux dont j'ai brûlé,
Qui dormez sous ce marbre où mes pleurs ont coulé,
Levez-vous à ma voix, victimes malheureuses.

( *Elle se lève avec effort soutenue sur sa mère et sur
    deux religieuses. Monval reste appuyé sur le fauteuil,
    la tête dans ses mains.* )

Levez-vous, entendez mes plaintes douloureuses ;
Accablez avec moi l'oppresseur abhorré
Dont je n'ai pu fléchir le cœur dénaturé.
Dieu ! que le dernier cri de sa fille expirante
Retentisse à jamais dans son ame tremblante !
Et s'il t'ose implorer au jour de son trépas,
Rejette sa prière et ne pardonne pas.

LE CURÉ.

O ma fille ! abjurez ces sentimens coupables !

MÉLANIE, *se laissant tomber sur les genoux, les bras*
*tendus vers le ciel.*

Dieu ! Dieu ! n'entendez pas ces souhaits exécrables.
Le désespoir, la mort, ont exhalé ces vœux,
Tout mon cœur les dément : pardonnez, justes cieux !
Pardonnez à mon père aussi bien qu'à moi-même.
Cher Monval, cher amant, toi que j'aimai... que j'aime...
    ( *Au curé.* )
Vous qui m'avez rendu des soins si généreux !
Et vous, ma mère, vous, venez fermer mes yeux :
Venez ; ces yeux éteints vous distinguent à peine.
Que mon dernier soupir ne soit point pour la haine ;
Qu'il soit pour la nature, hélas ! et pour l'amour !
Serrez-moi dans vos bras : Monval, c'est sans retour !
Cher Monval !

                        ( *Elle meurt.* )

MONVAL.

    Non ; attends, que rien ne nous sépare...
Elle n'est plus ! eh bien ! es-tu content, barbare ?
Contemple tous tes coups, et jouis du dernier.
Tigre, d'un tel objet viens te rassasier.
    ( *Il veut se percer de son épée ; le curé le retient.* )

LE CURÉ.

Arrêtez ! ah ! c'est trop multiplier les crimes.
Ce jour infortuné compte assez de victimes.
    ( *A M. de Faublas.* )
D'un repentir tardif je vous vois déchiré.

    M. DE FAUBLAS *sort d'un long accablement.*

Dieu vengeur, à quel prix m'as-tu donc éclairé !


FIN DE MÉLANIE.

# TABLE DES MATIÈRES

CONTENUES DANS CE VOLUME.

## TRAGÉDIES.



FIN DE LA HARPE.